La ÚNICA LEsbiaNA de Ávila

La ÚNICA LEsbiaNA de Ávila

Laura TERCIADO

AGUILAR

Papel certificado por el Forest Stewardship Council®

Primera edición: septiembre de 2024

© 2024, Laura Terciado
© 2024, Carlos Barea, por el prólogo
© 2024, Penguin Random House Grupo Editorial, S. A. U.
Travessera de Gràcia, 47-49. 08021 Barcelona

Penguin Random House Grupo Editorial apoya la protección de la propiedad intelectual. La propiedad intelectual estimula la creatividad, defiende la diversidad en el ámbito de las ideas y el conocimiento, promueve la libre expresión y favorece una cultura viva. Gracias por comprar una edición autorizada de este libro y por respetar las leyes de propiedad intelectual al no reproducir ni distribuir ninguna parte de esta obra por ningún medio sin permiso. Al hacerlo está respaldando a los autores y permitiendo que PRHGE continúe publicando libros para todos los lectores. De conformidad con lo dispuesto en el artículo 67.3 del Real Decreto Ley 24/2021, de 2 de noviembre, PRHGE se reserva expresamente los derechos de reproducción y de uso de esta obra y de todos sus elementos mediante medios de lectura mecánica y otros medios adecuados a tal fin. Diríjase a CEDRO (Centro Español de Derechos Reprográficos, http://www.cedro.org) si necesita reproducir algún fragmento de esta obra.

Printed in Spain – Impreso en España

ISBN: 978-84-03-52460-6
Depósito legal: B-11.348-2024

Compuesto en Mirakel Studio, S. L. U.

Impreso en Black Print CPI Ibérica, S. L.
Sant Andreu de la Barca (Barcelona)

AG 2 4 6 0 6

A todas las lesbianas de Ávila
A todas las lesbianas del mundo
A las de olla
Y a Josué

Pienso que acabo de perder la fe en este momento y, al no tener fe, ya no creo en dios ni en el infierno. Y si no creo en el infierno, ya no tengo miedo. Y sin miedo, soy capaz de cualquier cosa.

Pedro Almodóvar,
La mala educación (2004)

Índice

El Evangelio según santa Terci, *por Carlos Barea*   13

Introducción   17

1. Un dios salvaje   25
2. Encuentros en la lesbiana fase   49
3. ¿Eres lessssbiana?   63
4. Lesbianas y mentiras   79
5. La olla a presión   85
6. Manual de la perversa lesbiana   99
7. ¿Y vosotras cómo folláis?   111
8. Ojalá me gustasen las chicas   125
9. Señor, perdónalos, porque no saben lo que hacen   135
10. La única lesbiana de Ávila   143

El Evangelio según santa Terci

Por Carlos Barea

Por lo visto, ser lesbiana en Ávila es algo parecido a que te rompan el corazón: te crees que eres la única persona en el mundo que ha pasado por eso y el desconsuelo se antoja infinito. Estas dos vicisitudes, aunque *a priori* pueda parecer que nada tienen que ver, están estrechamente ligadas, al menos en este libro. Pero, ojo, que aquí no estamos hablando del desamor romántico, ese sobre el que tanto se ha escrito y que es producto directo de una sociedad cristianocapitalista que nos quiere emparejados, productivos y con una hipoteca variable a cuestas. No. En estas páginas se habla de otras formas de romper corazones, aún más crueles y sangrantes; esas que ponen en práctica ciertas instituciones y que con ellas han conseguido desde tiempos inmemoriales herir casi de muerte algo que es, ni más ni menos, la base de nuestra relación con el mundo: el amor propio.

Pero esto que estoy contando es algo que ustedes, queridos lectores, van a descubrir enseguida y no hace falta, por tanto, que yo lo recalque. Así pues, prefiero dedicar este espacio que me han cedido a alabar uno de los puntos fuertes de la obra que tienen entre sus manos. Y es que el mérito de *La única lesbiana de Ávila* no reside tanto en lo que se cuenta —por desgracia, se podrían empapelar edificios con historias de vidas jodidas por la religión y el cisheteropatriarcado—, sino en cómo se cuenta. Sepan ustedes que están a punto de adentrarse en un relato personal que no es otra cosa que un desgarro emocional y la culminación de un proceso que, en realidad, nunca dejará de ser un *work in progress* —y cómo no serlo, cuando levantarse por la mañana y salir a la calle con tu pluma, con tu forma de vestir y con tus opiniones ya se convierte un acto político involuntario—. Sin embargo, Laura tiene la capacidad de mostrarnos aquí, de una forma bastante generosa, el viaje que la ha llevado desde la más profunda de las oscuridades hasta esa luminosidad esperanzadora que ahora, tras mucho trabajo, emana por los cuatro costados. Porque sí, hay gente como ella que, incluso cuando la normatividad intenta apagarlas y robarles la dignidad, son capaces de vencer a las tinieblas y regalar su luz a las demás.

Escribía Teresa de Ávila, santa Teresa para los creyentes, que de pequeña salía a la calle para que los infieles la decapitaran porque creía que era la única forma de acercarse a Dios. Algo parecido le ocurre a Laura Terciado, Terci para las creyentes, en este libro. Desde la primera página nos encontramos con su cuerpo, con su voz y con sus traumas abiertos en canal y puestos al servicio de la comunidad con una única finalidad: la de intentar hacer un poco más vivibles las vidas de aquellas personas que vienen detrás. Es más, nuestra Terci parece no tener miedo alguno a ser decapitada, metafóricamente hablando, si con ello consigue menguar, aunque sea un poco, el sufrimiento de las personas LGTBIQA+ que se sienten únicas en el mundo. Por ende, esta obra no es otra cosa que un sacrificio íntimo, una especie de purificación por los pecados de sus hermanas que, una vez llegados al final, la hace resurgir como una santa —*queer*, por supuesto.

Decía al inicio de este prólogo que ser lesbiana en Ávila es algo parecido a que te rompan el corazón. Está claro, por tanto, que el final del proceso es también bastante similar. Y es que después de sentirte única en el mundo, comienzas a darte cuenta de que como tú hay muchas otras personas. Es entonces cuando empiezas a sentirte menos sola, a entender procesos y, de una vez por todas, a sanar. Y esto es, precisamente, lo que Laura, santa Terci de Ávila para las creyentes, nos regala en las páginas que siguen: una historia personal convertida en universal. Un manual sagrado para curar corazones (obligados a ser) solitarios.

Introducción

«*Yo pensaba que era la única lesbiana de Ávila*».

En julio de 2022 corrió como la pólvora por las redes sociales un vídeo en el que yo decía esta frase. Varias personas LGTBIQA+ hablábamos sobre la visibilidad y el Orgullo en un programa mainstream patrocinado por TikTok.

«*Soy de Ávila, yo no nací en Madrid. Yo crecí allí y estuve dieciocho años metida en un armario, dentro de un armario, dentro de otro armario, dentro de un castillo…*».

No se me ocurrió en ese momento, era algo que había pensado desde que era niña y que llevaba muchos años contándole a la gente como algo anecdótico, incluso como si se tratase de una especie de broma a la que los demás no buscaban ningún trasfondo. Tapando ese trauma con sarcasmo. Pero con **Maldito Bollodrama** conseguí que ese mensaje llegase a las demás. El pódcast empezó en febrero y en julio ya no tenía ninguna duda. Había otras lesbianas de Ávila que me confirmaban que no solo yo no había sido la única, sino que a ellas les había pasado exactamente lo mismo.

Todo el mundo vio ese corte en Instagram. Llegó al teléfono de muchas personas que nacieron y crecieron en la misma ciudad que yo, no solo al de las lesbianas. Ese fragmento se compartió una y otra vez entre personas que estudiaron conmigo en el mismo instituto. Algunas lo enviaron porque siempre sospecharon de mí, otras lo movieron por puro orgullo y otras por puro cotilleo. Hay quienes lo vieron porque lo compartió una de las presentadoras del espacio y apareció en las stories de centenares de sus seguidores. Entre ellas, había una abulense que yo conocía solo de vista y cuyo nombre no es que no recuerde, sino que juraría no haber siquiera sabido jamás. No había hablado con esa persona en mi vida. Días después, vio a algunas de mis amigas (a las que sí conocía) en un concierto y se acercó a hablar con ellas. Al darse cuenta de que yo estaba en el mismo grupo, se giró hacia mí y me dijo que me había visto en un reel «hablando sobre que pensabas que eras la única... la única... la única... pues eso, la única... de Ávila».

Yo misma tuve que aportar a su frase esa palabra que no se atrevía a decir en voz alta. Esa palabra que, igual que yo, sus oídos habían escuchado miles de veces con tal tono que le había hecho asimilar que tan siquiera sugerir que alguien podía ser una lesbiana era faltarle el respeto enormemente. A ambas nos habían hecho comprender que decirla tenía una carga acusatoria, ofensiva y repugnante. Que insinuar que una mujer no era heterosexual significaba que representaba lo peor que una mujer podía representar. Que era malo. Que daba vergüenza.

Y por eso no fue capaz de pronunciar la palabra **lesbiana**.

Nací y crecí en Ávila, una ciudad medieval en el centro de la península ibérica, la capital de provincia más alta de España, donde todo es hielo, musgo y piedra gris. Donde hay más horas de silencio que de luz. Una de esas ciudades que conservan el frío dentro, donde el cielo brilla despejado y tramposo, y donde los inviernos son silenciosos, el ambiente siempre está enrarecido y todo el mundo está tenso. Porque es así como te mantiene el frío: rígido, sobrio, tieso. Los inviernos allí eran sinónimo de sabañones, dolor de oídos, castañas en los bolsillos, resbalones, nieve hasta las rodillas y frío hasta los huesos. Y bueno, luego estaba todo aquello de los curas, las monjas y toda suerte de acólitos cristianos susurrando en cada esquina, y lo de tener imágenes de personas ensangrentadas, sufriendo y llorando, mires donde mires.

La primera vez que expresé en voz alta que yo no era creyente, la profesora (de gimnasia) a la que se lo dije me miró en shock y me contestó que yo le daba una pena terrible porque mi vida carecía de sentido y, además, porque *«te sentirás siempre muy sola»*. Y razón no le faltaba, yo me he sentido siempre muy sola... y sí, gran parte de la culpa de esto la tiene dios.*

Estuve sola, me sentí sola y creí durante la mayor parte del tiempo no solo que era la única lesbiana de la ciudad, sino que posiblemente lo sería también del resto de España, de Europa y, si me apuras, del planeta entero. Sentí soledad en muchos sentidos. De forma física y literal, y de manera simbólica. En general y por motivos específicos también. Pero lo cierto es que han sido muchas las épocas de mi vida en que esto se ha producido de una manera expansiva y arrasadora. Porque así es la

---

* Antes de empezar, quisiera aclarar aquí que me niego a escribir dios, iglesia, padre, cristo, biblia, papa o cualquier nombre relacionado con el delirio cristiano con mayúscula. No son erratas, es un acto deliberado de insumisión a esta entidad, tal y como lo es este libro en sí mismo.

soledad: algo que se expande, que te invade y que arrasa con todo mientras te sacudes creyendo que así te la conseguirás sacar de encima. Como el puñetero frío.

Sentirme sola durante tanto tiempo, sobre todo las primeras décadas de mi vida, me ha costado años de recuperación. Me ha supuesto miedos crónicos, dificultades sociales, incomunicación, autolesiones, una fuerte disonancia cognitiva, una relación pésima con mi cuerpo y con el mundo, disociación, autorrechazo, dependencias, complejos e inseguridades patológicas. Y una autoestima de mierda, por qué no decirlo. Pero también me ha dado conocimiento. Miles de libros, horas de películas, millones de canciones, obras de arte, poesía. Me lanzó en brazos de la cultura y me ha supuesto saber sobre ciertas materias sin pasar por un aula. Me ha brindado el poder descubrir algunas de mis mayores virtudes y habilidades. Pero, sobre todo, la soledad me empujó a leer muchísimo.

Devoraba con ansia los libros. Leía los que había en las estanterías de la casa de mi madre, los que me regalaban en Navidad, los de mi hermana, los de mis amigas, los que me prestaban en el colegio... y los de la biblioteca. Para mí las bibliotecas eran como minas de oro de páginas y más páginas llenas de pensamientos, teorías, historias e identidades a las que, por aquel entonces, solo podía aspirar. Muchas otras que ni siquiera entendía, incluso temas sobre los que aún yo misma tenía prejuicios. Pero, sobre todo, encontré calma y un quicio al que agarrarme para no saltar. Los libros fueron para mí la primera incursión al mundo real, un preludio para lo que vi cuando conseguí salir de allí. Con los años descubrí que no era la única lesbiana de Ávila, ni mucho menos del mundo. Conocí a infinidad de personas a las que les había ocurrido lo mismo que a mí. Que existía lo *agender*, lo no binario, lo intersex, lo bi, lo trans y todo aquello a lo que me enseñaron a llamar *personas raras*. Que todas teníamos miedo y todas habíamos fingido ser quienes no éramos, por lo que durante mucho tiempo no logramos identificarnos siquiera entre nosotras mismas.

Somos muchísimas las personas a las que nos han hecho creer que éramos la única persona LGTBI en miles de kilómetros a la redonda. El único maricón del pueblo, la única bollera de la ciudad. La rara, la desviada, el monstruito. «*Que son las hormonas, que ya se te pasará, que es una fase, que es un trastorno*», que lo que no sea «*como dios manda*», **no existe**. Que estábamos confundidas, enfermas, atrapadas en una etapa, delirando.

SOLAS.

Nos hicieron pensar que íbamos a transitar por este mundo desde el principio hasta el fin con esa sensación alojada en el pecho de estar haciendo algo mal, de que hay algo que no funciona bien en nuestros adentros. De ser una anomalía. Una minoría. De que éramos excepción. Y nos han hecho llorar, temer, sufrir, odiarnos, aislarnos, luchar sin poder elegir si queríamos hacerlo o no. Nos han hecho querer morirnos, querer matarnos. Querer olvidar. O haber olvidado sin elegirlo.

Así que supongo que es de recibo decirte esto a ti, que quizá estés sosteniendo este libro a escondidas, porque también habitas en un rincón al que solo dios llega o en algún otro al que parece que abandonó hace ya demasiado tiempo. «*Dejado de la mano de dios*». A ti, que estás sola en tu ciudad, en tu instituto, en tu familia. O quizá hayas conseguido huir de esa cárcel, pero no entiendes por qué caes una y otra vez entre barrotes. O a lo mejor te pasa como me ocurre a mí, que vas entendiendo lo que has atravesado y empiezas a saber quién eres. Y quién no.

Sea como sea, desearía que este libro te salvase la vida como a mí me la salvaron tantos otros. Y si no lo hace, por lo menos que te sirva para sentirte un poco menos sola. Un poco menos extraña. Un poco menos… la única lesbiana de Ávila.

1
Un dios salvaje

¿Sabes qué me asusta más que no creer en dios? Creer en él. Creer de verdad en él es una cosa aterradora. Porque si hay un dios, entonces me odia.

Patricia Arquette, *Stigmata* (2023)

Yo no sabía que era lesbiana cuando era una niña, pero siempre tuve claro que había cosas en mí que *no estaban bien*. Siempre tuve la impresión, aunque ahora es una certeza, de que mi existencia importunaba a los adultos a mi alrededor. Enseguida empecé a revolverme, a rechazar e intentar evitar que me encajonaran en los márgenes a los que supuestamente pertenecía *por ser una chica*. Para mí (y para todas), nacer mujer significaba que te metiesen en una caja sin salida cuyo perímetro se iba reduciendo más y más según cumplías años. Así que más te valía aprender a ponerte recta, meter tripa y contener la respiración si no querías ahogarte.

Odiaba los vestiditos, las coletitas, los zapatitos, los *juguetes de chicas*, la *ropa de chicas*, los *colores de chicas* y todo lo que se suponía que debía interesarme y gustarme por obra y gracia del espíritu santo. Y lo que no eran gustos o intereses, eran cosas que simplemente debía asumir: mi rol en la familia, mi rol en el colegio, mi rol en la sociedad. Siempre me sentí atrapada, asfixiada, condenada a la incomodidad, a no ocupar espacio, a no hablar demasiado alto, a poner y quitar la mesa con las demás. No entendí nunca por qué estaba mal llevar las piernas llenas de heridas por caerme mientras jugaba, por qué era extraño que me atrajese jugar con Street Sharks en vez de con Polly Pockets, ni dónde estaba la contradicción en ser una chica y que me aburriese saltar a la goma o a la comba. Nunca comprendí por qué todo el mundo intentaba corregirme, por qué lo que hacía o me gustaba me convertía en un *chicazo*. No conectaba tampoco con las niñas del colegio, no me gustaba jugar con ellas, no entendía sus códigos, no empatizaba con sus dinámicas, no me interesaban las Barbies, las Spice Girls ni la Power Ranger rosa. A ellas tampoco les gustaba yo, no querían compartir conmigo *cosas de niños*. Así que acabé mezclándome con ellos, con sus coches eléctricos, sus películas de *Star Wars*, sus eructos y sus Game**Boys** (vaya). A veces eran demasiado brutos, a veces me hacían daño jugando, pero ninguno se cuestionaba por qué me gustaba esto o aquello, por qué hablaba de esta u otra manera y si tenía tal cosa u otra entre las piernas. Ellos eran los únicos que no se preocupaban en pensar en mi género. Hasta que me salieron las tetas.

Con eso y con la llegada de la regla, la incomodidad empezó a extenderse por todo mi cuerpo. De repente todas asumieron que, si tenías pechos, se te tenían que notar. Mis compañeras, mis amigas, las chicas de mi familia empezaron a descubrirse los hombros, el ombligo, a ponerse ropa que les apretaba, a hacerse piercings en la lengua, en el ombligo. De repente, me vi rodeada de *crop tops*, pulseritas, purpurinas e hilos del tanga al aire. Yo no estaba preparada, y tampoco dispuesta. Pero cuanto más me esforzaba en que nadie me mirase, menos desapercibida pasaba. Resulta que daba la impresión de que todo el mundo había cambiado de repente y parecían necesitar que yo cambiase también, que no fuese rara, que no me plantease las cosas, sino que hiciese como las demás y *aceptase* el cambio. Porque si no, hacía al resto complicado identificarme. Parecían necesitar tanto reconocerme en mi lado del género como corregirme si yo no actuaba en consecuencia a lo que se suponía que tenía que ser.

Nunca intenté ser «femenina», todo lo contrario. No quería estar calmada, ni serena, ni controlar mi *carácter fuerte*. No quería que los chicos me mirasen, me tocasen o intentaran darme un beso. Tampoco quería que lo hicieran ellas, no quería que nadie lo hiciera. No quería que se me notasen las tetas. Sentía que con eso llegaba el momento de ser adulta, tenía la sensación (y no estaba para nada desencaminada) de que esos dos bultos traían consigo la pérdida de mi libertad. Si ya de por sí llamaba la atención que jugase con los niños, ¿ahora qué? Era raro que estuviese con ellos. Las chicas más mayores no se juntaban con los chicos que no eran sus novios. Era extraño ver a un grupo de adolescentes relacionándose con chavalas y, al contrario, cuando en un grupo de chicas se integraba a un chico, este era definitivamente un *mariquita*.

Creo que las cosas hubiesen sido diferentes si del colegio hubiera pasado al instituto con las mismas personas. Todo el mundo estaba acostumbrado a mí, me habían visto crecer al mismo tiempo que ellas, daban por sentado que yo no estaba cambiando de la misma manera que la mayoría y no se lo cuestionaban más de la cuenta. Pero mis padres me cambiaron de centro cuando terminé la primaria. En medio de esa vorágine de cambios corporales y sexuales, me pasaron de un colegio público a un instituto católico. Uno de esos llamados *colegios diocesanos* de educación concertada, que estaba lleno de sacerdotes y *kikos*. Yo lo único que sabía es que era un sitio gigantesco, con más gente, con niños *internos* que vivían ahí recluidos de lunes a viernes y donde las *familias bien* matriculaban a su prole. Desde que era muy pequeña me habían acostumbrado a ir a misa los domingos. Conocía los mandamientos, lo que eran dios, jesús y el diablo. Estaba rodeada de crucifijos y rosarios desde siempre. En casa de mi abuela, en los edificios públicos. Incluso en el médico había por aquel entonces pósteres con la virgen María y su hijo misericordioso con los enfermos y los débiles. Pero definitivamente no sabía lo que era la educación cristiana, ni las sectas católicas ultraconservadoras.

Tenía doce años y mi madre me acababa de cortar el pelo «*como un chico*» para castigarme porque no me peinaba, así que llegué a ese nuevo *cole* con el mismo peinado que Ricardo Bofill jr., pareciendo *un chicote* y con una mueca de terror en la cara. Cualquiera podía ver que estaba asustada, que me podía la angustia y que era una presa fácil para cualquier otro niño frustrado. Obviamente, me comieron viva.

El centro era un edificio enorme, formado por varios módulos distintos, como una cárcel. Un armatoste brutalista rodeado de muros de piedra gris lo suficientemente altos como para que no se viese nada de lo que había fuera. Sin barrotes ni rendijas, solo piedra. Las ventanas de las clases tampoco daban a la calle. Desde detrás de los cristales solo podía verse un patio enorme, frío y plomizo donde a veces, si la nieve y la lluvia lo permitían, otros alumnos corrían en círculo con el vaho saliéndoles por la boca. Al final del patio había una rampa, también de piedra, por la que se bajaba hasta una puerta altísima de metal que daba a la calle. El primer día descubrí que era mejor esperar a que pasasen todos los chavales mayores antes de hacerlo yo. También aprendí enseguida que lo mejor era evitar las escaleras del interior, las que llevaban a las clases. Las embestidas de esos tipos, que bramaban como becerros empujando a cualquiera que se pusiese por delante, provocaban a diario aplastamientos, caídas de bruces, codazos y patadas. A veces eran collejas, otras, tirones de mochila tan fuertes que te doblaban de rodillas en el suelo. No hacía falta que te odiasen, ni siquiera que te conocieran. Muchas veces les resultaba más satisfactorio humillar a alguien que no habían visto en su vida. Había que bajar esas escaleras pegada a la pared para evitar que te cayesen encima bocadillos robados, líquidos o cualquier cosa que esos energúmenos viesen gracioso lanzar, como los chimpancés arrojando sus heces. Aprendí a evitarlos, a no mirarlos fijamente, a no contestar.

Pronto empezaron los motes, las collejas, los insultos y las preguntas. «*¿Eres un tío o una tía?*», «*¿tienes tetas?*»,

«¿te llamas Laura o Lauro?», «¿eres hermafrodita?», «te pareces a Espinete». «*Espinete, Espinete, Espinete*». Algunos intentaban tocarme mientras preguntaban, trataban de subirme la camiseta o bajarme los pantalones. Unos se dirigían a mí directamente en masculino, aunque a otros les divertía más gritar y exagerar cuando hablaban conmigo, como destapando el secreto de que yo en realidad era una chica. A muchos los hacía sentirse confusos de verdad. Y no solo a ellos, muchas otras chicas no terminaban de entender qué clase de ser humano era yo, pues no me parecía a ellas pero tampoco a los chicos. Algunas me preguntaban incluso si me bajaba la regla o no, porque pensaban que por ser diferente a ellas no menstruaba.

Pero mi pelo fue creciendo y ya no pude evitar que me identificasen con el género femenino. Pasé de ser la rara a ser la **bollera**. Marimacho, tortillera, «*¿pero no ves que no tienes polla? Que no eres un chico, no eres un chico, no eres un chico*». Me lo repetían sin parar, insistiendo en ello como si yo hubiese querido serlo alguna vez, cuando lo único que quería era que todo el mundo me dejase en paz y que toda esa gente dejara de ponerle tantas ganas a que odiase mi cuerpo, mi cara, mi pelo, mi ropa, mis tetas, mis aficiones y mi jodida existencia.

Ignorarlos no servía de nada, así que aprendí a defenderme cuando no me podía camuflar hasta que conseguí que me dejasen tranquila. Les contestaba, me ponía agresiva, los empujaba, yo también los ridiculizaba. Me metía con ellos antes de que se metiesen conmigo. De esa manera y fingiendo de vez en cuando que me gustaba un chico de clase o besándome con cualquiera que se pusiera un poco plasta alguna tarde tonta, conseguí que parasen de acosarme. Porque no me importaban tanto los golpes o la risa, lo que me angustiaba, lo que me hacía papilla, lo que provocaba las ganas de desaparecer era que nunca me dejaban en paz. No había ni un solo día en mi vida en que no tuviese que aguantar su acoso, salvo cuando era fin de semana o festivo y tenía la suerte de no encontrármelos por la calle. Ávila es una ciudad ridículamente pequeña y es fácil cruzarte en una misma tarde con la mitad de las personas a las que conoces. Algunos de ellos también estaban matriculados en las mismas clases extraescolares de inglés que yo, aunque fuesen mayores, y coincidían conmigo dos tardes a la semana. Allí, compartían con el resto sus ocurrencias y buscaban cómplices que me dijesen el asco que daba y lo rara que era, y que cumpliesen el deber de recordarme *«que no tienes polla»* si ellos faltaban a clase. Estaban por todas partes.

Así que supongo que no fue tanto una decisión como un resorte. Al final, de contenerte tanto, explotas. Y te empiezas a defender. La gente seguía haciendo comentarios sobre mí, especulando, cuchicheando, mirándome de reojo, riéndose... pero se acabó el machaque. A veces yo me relajaba y se me escapaba una mirada, un abrazo más largo de la cuenta con otra chica... «*¿Qué pasa que eres lessssssssssssbiana?*». Y volvían las preguntas y las acusaciones y las risitas y la crueldad. Hasta que de nuevo le daba un par de morreos a algún amigo en público o hasta que decidía intimidarlos. Tanto miedo pasaba que encontré la forma de evitarlo aprendiendo a dar miedo también a los demás. Empecé a usar ropa ancha con la que parecía *un chico de verdad*. Escuchaba rap, cosas de malotes, me movía con chavales de otros institutos, más mayores y más *macarrillas*, estaba siempre seria y con los auriculares puestos para no tener que interactuar demasiado con los demás, aunque muchas veces los llevase apagados. Me sentía protegida por mi propia imagen.

Hay personas que no entienden la diferencia entre el respeto y el miedo. Muchas fuimos educadas así. Por eso posiblemente sobreviví y conseguí hacer creer a todo el mundo a mi alrededor que era yo quien rechazaba a los demás, que era una persona hostil, agresiva, intratable. En el instituto empecé a portarme como ellos, a desobedecer, a retar, a sembrar el caos. En esa época mis padres se estaban divorciando y eso les daba una excusa a mis educadores para no preocuparse de si había más razones para que yo me comportase así. «*Se rebela porque la situación en casa es complicada*». Después de meses intentando reconducir mi comportamiento, una profesora me envió al despacho de la orientadora del centro, que me dijo que a mí no me pasaba nada y que no podía ayudarme porque había niñas con problemas más graves. No le dije nada. Nunca pedí ayuda. Solo quería quemarlo todo. Y ya que tenía que pasar ocho horas al día en ese sitio, aguantando a los *bullies*, a los curas y a ese puñado de nostálgicos del franquismo, misóginos, homófobos y racistas que eran muchos de los profesores, no encontré mejor solución que ser igual de agresiva que el entorno que me rodeaba.

Cuando entré allí no sabía lo que era una lesbiana, pero tampoco lo que era el nacionalcatolicismo. Tan acostumbrada estaba a los crucifijos como a las banderitas. Había oído aquello de *los rojos* y más o menos sabía algo de Paca la Culona, pero admito que hasta la quinta o sexta vez que vi a uno de mis profesores hacer el saludo fascista para darnos los buenos días no me pregunté qué significaba eso. Las aulas de ese instituto eran salas enormes, de color crema y verde, y debajo de la pizarra había una tarima que situaba al profesorado un palmo por encima del alumnado. Cuando el timbre sonaba, esas autoridades entraban por la puerta y el resto nos teníamos que poner de pie hasta que nos daban permiso para sentarnos. La mayoría de los días don Franquismo llegaba, se paraba en seco ahí arriba y daba un golpe en la tarima con el pie a la vez que se golpeaba el pecho con la mano derecha y alzaba después el brazo con la palma hacia abajo diciendo en voz alta: «¡Viva España!».

No era una cosa excepcional. Don Franquismo pertenecía a la generación de profesores que le habían dado clase también a la de nuestros padres. Solo a ellos, puesto que ese lugar había sido hasta hacía bien poco un centro segregado, un *colegio de chicos,* y aún conservaba el internado masculino y una mínima cuota de profesoras, aunque las chicas pudiésemos estar matriculadas en el régimen externo. También los conservaba a ellos, señores rozando la edad de jubilación que mantenían intactos sus ideales y su conservadurismo, con la única diferencia de que ya no nos podían pegar. Nos seguían gritando, insultando y castigando a base de humillación, y más de uno continuaba utilizando el sutil arte de lanzarnos borradores a la cabeza como forma de avisar de que le molestaba lo que anduviéramos haciendo. Eran los resquicios de aquellos **maestros** que no eran curas ni monjas, pero que enseñaban con la misma mano dura. *La letra con sangre entra.* Eran los que quedaban de aquellos que castigaron a los *boomers*, los encerraron a oscuras, les dieron capones y les tiraron de las orejas hasta que pensaron que se las iban a arrancar. Que les enseñaron que hay que abofetear a tus hijos hasta que ellos te puedan abofetear a ti. Que insultar es una manera de cuidar y que hay que corregir así las actitudes que te resulten desagradables, llamando *putas* a las chicas por cómo vestían y *maricones* a los chicos por cómo se comportaban. Los dejaron tan traumatizados que creyeron que todo estaba bien porque a nosotros *no nos pegaban tanto* como les habían pegado a ellos, porque machacarnos con nuestro físico o nuestras habilidades era una manera de preocuparse por nosotras, porque como padres eran más *flojos* de lo que fueron los suyos. Y mientras, a nuestras madres y abuelas las educaron con golpes de regla en los nudillos, con rectitud y la *disciplina* que genera hacer que una niña permanezca durante horas con los brazos en cruz, con libros en la cabeza y de rodillas. Las maestras y las «*monjitas*» les enseñaban a ser *femeninas*, a estar *en la cajita*, a no ser *contestonas* y a escribir con **la diestra**. Porque ser zurda era demoniaco y si hacías cosas que te alejaban de dios, te quedabas a merced de Lucifer y sus avernos.

Yo no era zurda, pero era una bollera pecadora, así que estaba segura de que acabaría siendo poseída. Lo tenía clarísimo. Durante muchísimos años pensé que el diablo me acechaba, esperando al momento perfecto para meterseme en el cuerpo, poseerme y acabar conmigo. Hay personas que afirman haber creído que toda su familia se moriría de repente, otras han pensado que ocurriría algún desastre fatal o que el cáncer llamaría a su puerta si seguían siendo lesbianas. Tengo un amigo que sospechaba en sus primeros episodios de parálisis del sueño que lo de ver cosas terribles desde la cama sin poder moverse le pasaba por ser maricón. He conocido a mujeres que confiesan haberse planteado el suicidio siendo muy jóvenes después de besar a otras niñas, por evitar el severo castigo de dios. Pases asegurados al infierno, volantes directos a la enfermedad mortal, puertas abiertas a sanatorios y circos, persecuciones demoniacas de por vida... Ahora nos lo contamos las unas a las otras y nos reímos, pero creer durante tantos años que todo lo malo que ocurre es culpa tuya te deja un poco *tralará*.

Desde convencerte de que hay otros niños pasando hambre en el mundo porque no te comes las lentejas hasta que puedes provocarle la muerte a alguien si se la deseas demasiado: el cristianismo sabe bien cómo hacer para atraparte en el *pensamiento mágico* y provocar que sus creyentes vivan en un estado constante de alerta en el que todo gira en torno a la culpa y la redención. Y el círculo, como son todos los que conllevan de una forma u otra maltrato, siempre es el mismo: **pecado, culpa, juicio, castigo y perdón.** Siempre van en ese orden. Es el mismo patrón abusivo una y otra vez, ejercido y enseñado con tanta convicción que te atrapa en un bucle en el que tú misma eres pecadora, jueza y verduga y así no hace falta que haya nadie que te castigue, ya lo haces tú sola. Eso sí, nunca serás perdonada, porque *solo dios perdona*. Así que ten miedo, porque si tienes miedo, no pecarás. Si le temes a dios y a su castigo, a su abandono y a su juicio, no corromperás tu alma. Te salvarás.

Yo le recé a dios una y mil veces. Le pedí ayuda, permiso y perdón. Le rogué que no me castigara y que tuviera compasión. Que no me dejara a merced de las llamas, que no me pudriera las entrañas, que no me castigase con lepra ni úlceras ni rigidez. Que me salvase de ser comida por los gusanos. Pero nunca me contestó. Nunca me habló, nunca parecía estar mirándome. Por eso me daba tanto miedo Satanás, por eso estaba segura de que me arrastraría al abismo. Pensé que, si dios me odiaba, si no velaba por mí, era porque ya tenía un hueco reservado con mi nombre en lo más profundo de los avernos. Y era demasiado tarde para evitarlo.

La verdad es que supieron colármela pero bien. Lo admito, me lo creí todo a pies juntillas. Según iba creciendo y mostrándome escéptica y agnóstica, mientras pensaba que era impermeable a sus rezos, sermones y convivencias y que la palabra de dios me entraba por un oído y me salía por el otro, y que no había misas, ángelus ni lecturas de la biblia que me hicieran pensar que algo de eso era verdad, se introducían en mi subconsciente ideas y miedos por otras vías.

Antes de pasar al bachillerato tuve un profesor, un sacerdote joven que nos parecía un tipo guay. Lo veíamos como súper disruptivo porque decía palabrotas y afirmaba que «¡*todas las monjas son unas putas!*» y eso nos hacía reír. Hablaba con palabras que no estábamos acostumbradas a escuchar en la boca del profesorado, y menos aún en la de otros curas, y nos parecía muy macarra y muy moderno porque pirateaba películas y nos las ponía en las tutorías. ¡Qué guay! Pues al cabrón no se le ocurrió otra cosa mejor que elegir *Stigmata* para uno de sus pases.

Esa película es uno más de los recuerdos bloqueados con los que me he ido encontrando a lo largo de mi vida adulta y que representan claramente el *gaslight* que nos han hecho. La cinta trata de una pobre muchacha a la que posee el mismísimo diablo y cuyo cuerpo va llenándose de estigmas por sucia pecadora, aunque ella en su vida hubiese creído en dios, en los demonios o en cualquier cosa relacionada con el cielo o el infierno. Una tía fiestera que vivía sola, una atea confesa que blasfemaba y se acostaba con hombres sin buscar compromiso. ¡Un caramelito para Satán! No sé por qué le daría a nuestro profesor por esa película que ponía a todos los cursos que podía en ese maldito cineclub de la mierda, pero me puedo imaginar qué es lo que le podía gustar tanto a un cura de una película sobre una rubia guapa poseída cuyo único salvador es un joven y apuesto sacerdote al que las prostitutas guiñan el ojo por la calle y a quien el diablo nunca consigue someter porque es inmune a la tentación carnal. Por muy cachondo que le pusiera el cuerpo poseído de Patricia Arquette, el señor no se bajaba la bragueta. Qué héroe. Qué asco. Pero es que, definitivamente, algún tipo de espejo *wannabe* tenía que tener este señor con esta película que el resto de la iglesia católica criticaba por cuestionar la corrupción y los engaños de las altas esferas de la casa de la fe.

Pero cómo es la manipulación, porque yo no vi nada de crítica a la iglesia y a sus tinglados. Solo vi el daño que le puede hacer a una persona ser poseída. Y así fue como *Stigmata*, o más bien ese cura, me enseñó una grandiosa lección: pese a que solo las personas increíbles como santos y vírgenes pueden presentar estigmas, cualquier ser humano es susceptible a ser poseído por el diablo.

Al final, por muy moderno y muy colega que nos resultase este señor, veinteañero y malhablado, hacía lo mismo que el resto: nos educaba con el miedo, perpetuando el concepto del bien y el mal, lo divino y lo demoniaco, el diablo y dios. Satanás, Lucifer, el Ángel Caído que viene a tentarnos si no le temernos al castigo del rey de los cielos. Porque el mal es omnipresente y la posesión demoniaca es una posibilidad real. El diablo es un especialista en pasar desapercibido y puede colarse en tu cuerpo si no tienes cuidado, si no obedeces, si no haces bien las cosas, si cometes un pecado. Un pensamiento pecaminoso puede hacerte vulnerable a la influencia demoniaca, los espíritus malignos nos observan desde la oscuridad para arrastrarnos al fuego del infierno. El diablo siempre está a la espera de que falles. Y si a dios le das igual, nadie podrá salvarte.

Así que no es casualidad que muchas personas estuviéramos tan seguras de que ese castigo demoniaco estaba reservado para nosotras por no ser cisheterosexuales. No a todo el mundo le pusieron películas de posesiones demoniacas en el instituto, pero a todas nos llegó por mil y una vías este adoctrinamiento.

En una de mis visitas a la biblioteca me encontré con la *Divina Comedia*. No sabía ni de qué iba ni quién era ese tal Dante, pero me llamó la atención el nombre. Resulta que contaba el viaje de un hombre a través de los tres reinos del Más Allá. En él, el infierno se describe como una especie de estructura jerárquica en la que las almas condenadas están organizadas en círculos concéntricos. Cuanto mayor es la gravedad del pecado, más profundo es su círculo de destino. En la parte superior está el Limbo y lo habitan quienes no fueron bautizados o ni siquiera estuvieron expuestos al cristianismo. Esos pobres ignorantes, que *no sabían lo que hacían*, están separados de dios, pero no sufren tormentos físicos. Los siguientes son los lujuriosos, arrastrados por una tormenta sin fin. Los terceros, los de la gula. A los «glotones» se los persigue con una constante lluvia de granizo, nieve y aguas sucias. Después están los avaros y derrochadores, en el quinto círculo los iracundos y los apáticos que luchan entre sí en el fango. En el sexto, los herejes y en el séptimo, los violentos. Por debajo de estos se encuentran las fosas de quienes cometen fraude y en el noveno círculo, el último y más profundo, los traidores.

El séptimo círculo del Infierno está dividido en tres anillos. En el primero, están los violentos contra el prójimo: homicidas, tiranos e iracundos. En el segundo, quienes fueron violentos consigo mismos: los suicidas. En el tercero, los violentos contra dios. Un desierto en llamas lleno de blasfemos, de usureros... y de **sodomitas**. Si has leído la Biblia, sabrás que la ciudad de Sodoma fue destruida por dios por culpa de sus ciudadanos, que eran malos, pecadores y *moralmente perversos*.

Poco a poco, las brujas, los espíritus y todos los seres monstruosos que me habían perseguido en pesadillas cuando era pequeña se fueron transformando en demonios, ríos de fuego, plagas, cancerberos, harpías y otras bestias famélicas. Hasta después de muchos años independizada y durmiendo sola no dejé de tenerle pánico a la oscuridad. Sentía en ella la presencia del diablo. Cualquier sombra, cualquier crujido, cualquier respiración podía ser la suya. Me daba ansiedad cualquier casa de noche. No soportaba ver un armario con la más mínima rendija abierta, un hueco entre un sofá y la pared, un resquicio bajo una puerta demasiado grande. No aguantaba las tinieblas, la completa oscuridad, el silencio. Satán estaba esperándome en cualquier hueco sin luz y, para mí, solo era cuestión de tiempo.

Creo que hasta pasados los treinta no estuve del todo segura de que eso no iba a ocurrir. Alimentaron bastante esta paranoia todas las películas de terror que he visto, porque puede resultar contradictorio, pero es mi género favorito. A principios de la década del 2000, las películas de fantasmas súper chungos asesinos llegaron en avalancha desde el otro lado del mundo. Esa década trajo consigo el auge internacional del terror asiático y Hollywood comenzó a replicar. También despuntó el llamado *torture porn*. Protagonizaban nuestras pesadillas la gente desnuda corriendo antes de ser descuartizada, los zombies ultramodernos, los «infectados» que sabían correr y podían pensar, las masacres en el camping, las casas llenas de fantasmas condenados, los malditos, los caníbales, los asesinos solitarios. Yo conecté enseguida con muchos subgéneros de las *horror movies*, pero con las posesiones no pude. Hasta la universidad no vi *El exorcista*. Mi madre lo había pasado tan mal viéndola de joven que prefirió ahorrarnos el mal trago y nunca nos dejó verla en casa. Yo tampoco insistí. No vi *El exorcismo de Emily Rose* ni *La semilla del mal* y hasta el comienzo de la saga de los *Warren* no me puse a ver ni una sola película de exorcismos de manera voluntaria. No lo soportaba. Para mí, la gracia de ver películas de terror está en disfrutar de la adrenalina o ser capaz de comprender el trasfondo pese a la tensión, y eso es muy complejo si no estás totalmente segura de que lo que ves es mentira. Una ficción imposible de darse en la vida real.

Pero es que el diablo te puede poseer de verdad.

2
Encuentros en la lesbiana fase

I mean, I couldn't have a lesbian at my party. There were gonna be girls there in their bathing suits. I mean, right? She was a LESBIAN.

Mean Girls (2004)

Estaba convencida de que era algo pasajero. Lo de ser lesbiana, quiero decir. Pensaba que se trataba de algún tipo de alteración hormonal, que de repente una llegaba a la adolescencia y la sangre se llenaba de sustancias químicas que hacían que no parasen de pasarle cosas raras y asquerosas en el cuerpo y que provocaban que te pusieras cachonda con cualquier ser humano. Pero que todo eso *«se acaba regulando»* y se te pasaban los pensamientos lascivos y volvías a ser una persona normal y corriente. Un día sí y otro también, me encontraba repitiéndome a mí misma, como un mantra: *«Se te va a pasar, se te va a pasar, se te va a pasar»*. Me levantaba por las mañanas pensando que ojalá ya no me gustasen las mujeres, que ojalá ser **Normal**™, que ojalá superar de una vez esa *fase*.

No es que quisiera que me gustasen los hombres, no. Yo quería que me dejaran de gustar las mujeres. No entendía por qué tenía que pasarme eso a mí y de verdad que intentaba buscarle explicación a lo que me ocurría. Quizá solo sentía admiración por ellas, a lo mejor quería ser como ellas o les tenía envidia, a lo mejor en el fondo lo que pasaba es que yo quería ser un chico y por eso sentía cosas que no eran reales. Pensaba que posiblemente era algo que le ocurría a todo el mundo, pero que nadie lo decía por miedo a las consecuencias. Pensaba en que ojalá nadie se diese cuenta jamás. Pensaba demasiadas cosas, sin parar. Pensaba, sobre todo, que eso que me ocurría y que tanto odiaba algún día acabaría. Estaba hecha un lío. Tenía miedo. Sabía que no podía hacer preguntas porque lo que me ocurría no estaba bien, era una aberración, un pecado, una desviación. Y cuando surgía el tema de la homosexualidad, normalmente las respuestas siempre eran genéricas, de refilón. *«Tu cuerpo se desarrolla y sientes atracción por los hombres si eres una mujer, y por las mujeres si eres un hombre. Los genitales cambian, las personas se enamoran y mantienen relaciones para reproducirse».*

Nos repetían esto sin parar, pero nadie nos explicó por qué de repente teníamos algo que se volvía monstruosamente desconocido entre las piernas, ni la razón de que ciertos estímulos nos generasen placer o rechazo, qué había detrás de todos esos olores y formas nuevas, y por qué mierdas resulta que, si después de tantas expectativas puestas por los adultos que me rodeaban en que me iban a gustar los chicos, eso no era así. A mí me habían estado repitiendo desde que era capaz de masticar que si los chicos esto, que si los chicos lo otro, que si novios, que si maridos y que si los hombres tal cosa. «*Cuando seas mayor y te gusten los chicos...*». Pero nada. Yo ya era mayor y no me gustaban los chicos.

«*¿Ya tienes novio? ¿Te gusta algún niño de tu clase? ¿Quién es ese con el que te vemos tanto?*». Cada vez que me preguntaban ese tipo de cosas, me daban ganas de gritar. Pero me callaba o contestaba vagamente. Cuando llegué a la adolescencia, empecé a contestar mal y a hacer bromas incómodas a quienes me hacían ese tipo de interrogatorios. Porque me cansé de las preguntas inocentes, pero también de las que no lo eran. Con catorce años, mi familia me mandó a pasar el verano a un colegio en Canterbury. Fue la primera vez que me planteé mi orientación sexual. Hubo chicas que me atrajeron y algunos compañeros que entablaron conmigo esa conversación con un tono amigable y comprensivo al que yo no estaba acostumbrada ni de lejos. «*Te pega ser lesbiana*». Estuvimos hablando sobre las razones por las que se me podía identificar con una lesbiana e indagando sobre qué podría significar todo eso. Delante de más gente. Esa misma noche, una de las monitoras que nos había estado escuchando le dijo a su compañero que sospechaba que yo era lesbiana y el tipo comenzó a tratarme de la manera más fría y hostil que era capaz durante días, hasta que decidió apartar a varias de nosotras en un rato de tiempo libre para sentarnos en círculo y preguntarnos una a una cuál era el chico que nos gustaba de todos los que había en ese colegio. Yo dije uno, al azar, un italiano con el que no había cruzado ni una sola palabra y en el que solo me había fijado porque me gustaba la ropa que se ponía. No tenía ni idea de cómo se llamaba siquiera, pero elaboré la respuesta todo lo que pude, dando detalles inventados de por qué me atraía, y solo paré cuando pareció quedarse convencido. Así conseguí que ese imbécil dejase de ser agresivo conmigo.

Esto lo hice una y otra vez. Ante la más pequeña sospecha de mi lesbianismo que tuviese cualquiera, yo defendía con uñas y dientes que me gustaba algún chico. Que me había besado con este o aquel. No mentía, cedía a enrollarme, de vez en cuando, con alguno de los que se ponían muy pesados para que la gente de mi alrededor lo viese y me cubriesen sin saberlo cuando alguien me acusaba de ser lesbiana. Lo hacía por lo que pensaban los demás, pero también por lo que pensaba yo misma. Besar a chicos me parecía incómodo, forzado, hasta robótico. Pero estaba convencida de que algún día me gustaría hacerlo, que sería yo misma la que buscaría que eso ocurriese. «*No lo vas a saber si no lo pruebas*» era una idea que me habían metido en la cabeza otras chicas, y yo en ese momento no me había parado a pensar que ellas sabían que no eran lesbianas pese a no haber besado a otras chicas. ¿Me podía convertir en hetero? Si las personas como yo les parecíamos peligrosas porque podíamos contagiar la homosexualidad... ¿podía contagiárseme a mí la heterosexualidad?

La verdad es que yo confiaba más en la conversión y la superación de la fase que en el contagio. Lo escuchaba a menudo, «*la fase adolescente*». La **F-A-S-E**. Mientras que a los *maricones* y *travestis* se les intentaba disuadir de una forma más severa y violenta, era común que a las mujeres nos dijeran que era normal y sano probar entre nosotras antes de encontrarnos con un hombre de verdad para dejar de ser lesbianas. «*Quizá es que la pobre es muy fea y no le gusta a ningún macho. Quizá sea una frígida. Quizá esté traumatizada*». Pero siempre tiene remedio. Siempre es una fase. En el diccionario del imaginario colectivo había una entrada muy clara escrita sobre lo que era una lesbiana:

lesbianismo

1. m. Periodo o fase (breve) en la vida de algunas mujeres durante el cual sienten confusión y lascivia hacia otras mujeres por falta de experiencias sexuales previas con hombres.

2. m. Curiosidad que sienten algunas mujeres hacia otras durante su adolescencia, y que se corrige con un buen pollazo.

SIN.: amiguitas, fase lésbica, envidia de pene, violación, trauma infantil.
*No confundir con homosexualidad femenina, eso no existe. Las tendencias homosexuales solo las padecen los hombres que quieren ser mujeres.

La **fase** era lo que nos consolaba a aquellas que nos sentíamos distintas, solas y enfermas. La **fase** era lo que nos decían en casa cuando identificaban comportamientos homosexuales entre niños y adolescentes. La **fase** era eso de lo que a los curas les encantaba hablarnos. Porque resulta que hubo un día en que ellos mismos también tuvieron dudas, que es *lo normal*, que las hormonas durante la pubertad son una locura y que todo el mundo tiene derecho a confundirse. Que dios quiere a todas las personas, que te va a guardar en su gloria incluso si eres una despreciable que se deja llevar por la depravación y la sodomía aun sabiendo que es un pecado por el que mereces pudrirte en el séptimo círculo del infierno. Solo si te arrepientes. Solo si pides perdón. Qué majo es.

En esa época yo no era consciente, me di cuenta mucho más tarde del empeño que le ponían los sacerdotes a meternos la idea de la conversión en la cabeza, mientras que el resto de los beatos y meapilas sin sotana optaban por el camino de la conversión a hostias. Pero sin bendecir. Los pastores no culpaban a las ovejas de desviarse del camino, sino que les ofrecían comprensión, consuelo y **perdón**. A falta de electroshock, oremos. A falta de protección, esos tipejos han extendido los dedos hacia cientos de miles de criaturas indefensas, heridas y descompuestas para destrozarles la cabeza y la autoestima, hablando desde la más pura de las ignorancias y lo más profundo de los prejuicios, manipulando las mentes que no se pueden defender. Usan palabras como «guía», «acompañamiento», «orientación», «ayuda». Mangonean de tal manera que son muchas las personas que han acudido a ellos por su propio pie para pedirles auxilio. Mariquitas aterrorizados, lesbianas y bisexuales obsesionadas con **superar la fase**. Personas a las que se les ha negado la identidad, a las que se ha torturado para convencerlas de que sufren patologías mentales graves o mutaciones aberrantes, y a quienes han enviado a toda suerte de retiros espirituales, «consejerías» religiosas y hasta exorcismos. Uno de los curas que me daba clase y que en 2015 publicó un libro sobre «adolescentes y homosexualidad» (no es difícil imaginarse de qué habla en él) nos contó en una ocasión que la iglesia tenía exorcistas oficiales en prácticamente todas las diócesis. El exorcista de la de Ávila era un tipo bastante mayor que siempre estaba serio, con la comisura de los labios hacia abajo y el ceño fruncido y que daba todavía más miedo cuando sonreía. El padre Cuervo. Ese señor, el exorcista, prestaba su ayuda a los críos y también nos ofrecía a algunas alumnas adolescentes ir a su despacho por las tardes *«a mejorar en la forma de estudiar Historia»*, la asignatura que impartía.

Quedaban años para que las pseudoterapias de conversión se prohibieran a nivel autonómico en España, pero igual que lo hacen ahora en 2024 de una manera encubierta, a finales de los noventa y principios de la década del 2000 intentaban que no se les viese demasiado el plumero. Sonreían y tendían los brazos a las almas desviadas, ofreciendo «apoyo espiritual», señalando como tóxicos a los que hasta ese momento habían sido sus aliados, la terapia psicológica y la médica, pero no por convencimiento, sino porque es la manera perfecta de evadir la legislación. Y así es como se fueron colando entre nosotras, convenciendo a nuestras familias para que encontrasen en ellos la mejor manera de ayudarnos.

«No estás enfermo, solo confuso».

Así es como cientos de miles de personas, temiéndole al electroshock, a las mutilaciones, a las pastillas, a los psiquiatras y a la ira de dios y de su familia, se han dejado *ayudar* por un cura. Hay muchas víctimas, obligadas por su propio entorno o por *motu proprio*, que han caído en las garras de una alternativa piadosa, cuidadosa y amable para la cura de la homosexualidad.

Cómo me jode este *síndrome del salvador cishetero*. Esa descarada superioridad que lucen, ese sentimiento de impunidad que los empuja a sofisticar sus métodos de tortura porque piensan que pueden y deben. Ellos, que solo son piezas insignificantes dentro de este perverso sistema en el que hay congregaciones cristianas promoviendo la *inclusión* de las personas homosexuales y bisexuales (únicamente cis y binarias, por supuesto) y acólitas del Opus con titulación en psiquiatría colando en Spotify, YouTube y programas de televisión generalista terapias de «reconducción» para personas LGTBIQA+, fingiendo que promueven el amor y las relaciones emocionales sanas. Existen familias enteras, verdaderas dinastías en España con sus propias «Instituciones» dedicadas a esto, estirpes de psiquiatras que se dedican a amasar fortuna a base de escribir artículos, dar charlas y conferencias sobre los peligros que conlleva para los menores ser adoptados por una pareja homosexual, a criticar la *ideología de género*, promover la idea de *familia sana* y *vínculos de pareja* basados en la bioquímica y a engatusar a las personas trans, homosexuales y bisexuales para que acudan a su consulta a que las ayuden a «reconducir» sus tendencias.

Creo que prefiero a quienes me dicen que supongo algo aberrante, asqueroso, y que merezco el ostracismo de los cristianos ávidos de pudrirme el alma y la cabeza. Como aquella profesora que impartía la optativa de psicología en segundo de bachillerato y que nos dijo que *«la homosexualidad es una enfermedad de las clases avanzadas»*, porque *«cuando lo tienes todo, te aburres y cuando te aburres, buscas entretenimientos perversos»*. La tipa, sin pestañear siquiera, terminó dándose la razón a sí misma concluyendo con que ella estaba segura de que *«los negritos en África pasan hambre y por eso no pierden el tiempo sodomizándose»*. Uf.

Pero prefiero ese asco. Prefiero ese desprecio, esa ignorancia arrogante, esa soberbia. Prefiero su aversión. Siempre preferiré a alguien que siente repugnancia por lo que soy y me gira la cara que a quien me sonríe, me llama e intenta seducirme con falsas promesas de salvación y perdón. Yo no quiero ser salvada, ni curada, y mucho menos perdonada. No quiero ser convertida ni volver al regazo de dios. Yo no quiero su misericordia, prefiero su odio. Prefiero la vergüenza que sienten por nuestra existencia y la inquina honesta. Prefiero el asco.

3
¿Eres lessssbiana?

—¿Ves como era lesbiana?

—¡Qué bien! ¡Lesbiana! Esos se llevan muy bien con los géminis.

Aquí no hay quien viva (3×14)

La palabra **lesbiana** es incómoda. Molesta, engorrosa y desagradable. Obscena. Hay personas que la pronuncian de tal manera que da la impresión de estar viendo una de esas películas de terror en la que la protagonista se da cuenta de que está poseída porque de repente se descubre un cabello en la comisura de los labios, empieza a tirar y tirar y tirar de él, y acaba saliéndole de la garganta una bola de pelo, negro, largo y sucio.

La palabra **lesbiana** genera tensión, parálisis. Decirla en voz alta en medio de una sala llena de gente a veces genera más silencio y miradas huidizas que hacer una broma sobre un infanticidio. La palabra **lesbiana** da vergüenza, pudor. Asco. **LESBIANA** es una palabra que ni siquiera muchas de aquellas a quienes define son capaces de articular. *Di mejor que eres bollera.* Porque reapropiarse de un insulto es más cómodo y más sencillo que una palabra que resulta una amenaza. *Di que eres gay*, aunque no sea lo mismo. Es curioso cómo el resto de las letras del colectivo han conseguido que dejemos de decir *orgullo gay*, porque invisibiliza a todas las demás, pero también que a las lesbianas se nos pida no llamarnos a nosotras mismas lesbianas. Es llamativo que haya muchas mujeres que se relacionan con otras mujeres que rechazan agresivamente que las llamen **lesbianas**. Como si fuera un estigma. Como si fuera la peste. Como si ser una mujer que se relaciona con otras exclusivamente supusiera la mayor de las bajezas, el sumun del asco y el rechazo social. Me entristece profundamente ver cómo entre nosotras mismas sigue imperando la aversión a esa palabra. «YO NO SOY **LESBIANA**, EH». He oído esta respuesta de la boca de muchas mujeres. Heterosexuales y bisexuales también, no solamente **lesbianas**. Como si que te confundan con una lesbiana fuese asqueroso, una falta al honor y uno de los peores ataques posibles. Que no se me malinterprete, no estoy hablando de una reivindicación lícita de otras etiquetas sáficas, de la necesaria visibilización de otras realidades que han coexistido con nosotras y que han sido metidas «en el saco» de las lesbianas por relacionarse con otras mujeres. Hablo del mismo fenómeno entre todas nosotras, del odio, el pudor y la vergüenza con la que algunas lo espetan sea cual sea su orientación sexual, su género o su identidad. De las que se ofenden cuando alguien da por sentado que es una lesbiana y que no corrigen sin más, sino que se defienden ante la deshonra de haberlas llamado **lesbianas**.

YO NO SOY LESBIANA.

Lesbiana, lesbiana, lesbiana, lesbiana. Lesbiana es una palabra negativa. No es un insulto, es una acusación. Es la pregunta que viene tras la sospecha: ¿no serás **lesbiana**? Lesbianas han sido todas esas que no tenían novio, que llevaban el pelo corto, el vello largo, que no vestían con falda o cuyo cuerpo, voz y expresión no se identificaba con lo Femenino™ o lo feminista. **Lesbiana** era lo que te llamaban para hacerte ver que los hombres no te deseaban, que no eras atractiva para ellos, que les resultabas desagradable. **Lesbiana** es lo que se ha fingido ser durante un tiempo para evitar el acoso de los hombres que no entienden un *no*. **Lesbiana** significaba que eras una mujer desechable porque nadie te había conseguido domar. Y por eso no valías nada. Que te preguntasen si eras **lesbiana** significaba que podías ser peligrosa, contagiosa, que eras como una fruta podrida en un cuenco y podías pudrir a las demás.

Algunas chicas me trataban así en el instituto, actuando como si tuviese un estigma, una podredumbre contagiosa o como si las fuese a violar. Muchas mujeres nos hacían a las **lesbianas** lo que ahora aplican contra las mujeres trans: asociarnos automáticamente a lo masculino y, por ende, identificarnos como ese «peligroso intruso en nuestros baños». Recuerdo la vigilancia constante, el juego perverso con la duda. Recuerdo cambiarme en los vestuarios de la clase de gimnasia lo más rápido posible, en una esquina, mirando al suelo para que no se me escapase una mirada accidental que me condenase para siempre. Con catorce años aprendí a que era mejor ponerme una camiseta encima de la que me estaba quitando, para evitar el morbo y las conversaciones sobre mis tetas. Por aquel entonces yo ya comenzaba a vestir más holgada, con ropa con la que me sentía más cómoda y con un estilo que sentía que me representaba, pero que ellas leían como masculino. «*Vistes como un chico, ¿eres un chico? ¿O una chica? Uy, pero si tienes tetas. A ver, suéltate el pelo. ¿A ti te baja la regla? ¿Quieres tocarme? ¿Te gusto o qué pasa? ¿Por qué le hablas tanto a esa chica? ¿No serás LESSSSSSSSSSSBIANA?*».

A veces me sentía segura con alguna compañera y decidía intentar ser su amiga o, simplemente, ser más amable con ella que con el resto. No sé decir cuántas veces eso me llevó a situaciones comprometidas. Si tienes pinta de **lesbiana**, eres **lesbiana**. Y, por lo tanto, cualquier chica o mujer a la que mires o a la que te acerques, te gusta. Y si te gusta, vas a intentar contagiarla. Y si no consigues contagiarla o engañarla, acabarás forzándola. Porque eres **lesbiana** y quieres que todas lo seamos y *yo no soy lessssssssssssssbiana*.

Ahora ya no me sentía cómoda ni con un género ni con el otro. Ellas me rechazaban porque pensaban que me atraían y ellos justo por lo contrario. *Puta, gorda, fea, resentida* o *bollera* eran los insultos, les salían la rabia y la frustración por la boca. Pero **lesbiana** era la forma que tenían de acusar. Si una tía no les correspondía: «*Tranqui, tío, será lesbiana*». Si no querías acostarte con ellos: «*Seguro que eres una puta lesbiana*». El caso es que había algunos que no sentían deseo ni tampoco asco por nosotras, sino que nos acogían como «a uno más». Encontraban en la atracción por las mujeres y el gusto por actividades alejadas de lo impuesto a las mujeres (como los videojuegos, los coches teledirigidos, las películas de terror, etc.) un vínculo. A algunas nos trataban con camaradería, nos daban codazos cuando pasaba «una tía buena» por delante buscando la complicidad, el *unga-unga*, para ellos era *«guay tener una amiga lesbiana»*. A muchas les pasó con sus propios padres, que encontraron «al hijo que nunca tuve» en ellas. Muchos hombres nos aceptaron como *muchachos*, tratándonos como si lo fuésemos, obviando que éramos **lesbianas** y raramente queriendo entablar esa conversación. Les incomodaba de igual forma el lesbianismo, pero el de otras, *«tú no eres como las otras lesbianas»*. Esas **lesbianas** a las que llamaban bolleras, tortilleras, camioneras. Esas a las que insultaban incluso delante de nosotras.

La primera vez que me preguntaron si era **lesbiana**, yo ni siquiera me lo había preguntado a mí misma. No recuerdo cuándo fue la primera vez que conseguí decirlo en voz alta, decírselo a alguien, dejar de negarme esa palabra a mí misma. No sé cuál fue el momento en el que empecé a nombrarme a mí y a las demás **lesbianas**, cuándo dejó de darme vergüenza, pudor, asco y miedo. En mi familia nunca se dijo, y sigue sin decirse, la palabra **lesbiana**. Muchas amigas mías heterosexuales se refieren a mí y a otras como bolleras. Muchas otras **lesbianas** también. Otras tantas personas a mi alrededor enmudecen intentando decirla, pese a que me oyen pronunciarla orgullosa delante de ellas. Pese a que la digo y la repito una y otra vez. **Lesbiana, lesbiana, lesbiana, lesbiana, lesbiana.**

Esto no solo ocurre en contextos sociales. En la televisión es raro escuchar la palabra. En las manifestaciones, en las películas, en una canción. En España hay un grupo llamado *Love of* **Lesbian** y son cuatro tíos. *Mujer contra mujer* la escribió un hombre. *El amante lesbiano* habla de sumisión heterosexual. Mejor no comentamos *La vida de Adèle*. Nadie, salvo Pedro Almodóvar, se atrevía a presentar a una lesbiana en la gran pantalla. Tampoco en la pequeña. A las lesbianas nos han negado una y otra vez hasta conseguir que nos negásemos a nosotras mismas.

Lessssssssssssssssssbiana, lesbiana, LESBIANA, *les-bi-a-na*.
LES. BIA. NA.

Lesbiana era trauma, era tabú. Era enfermedad. Era enajenación. Lesbiana era una palabra prohibida que no podías siquiera pronunciar si pretendías seguir pasando desapercibida, si no querías recibir castigo y aislamiento. Las lesbianas siempre eran las otras. Todas las que pudimos creer no serlo, nos convencimos y convencimos al resto. Todas aquellas que pudimos fingir no serlo, lo hicimos. Tampoco éramos algo especial a lo que prestar tanta atención por nuestra propia naturaleza social: siendo mujeres podían controlarnos o callarnos. No era el mismo caso que los *maricones* o los *travestis*, ese paraguas bajo el que metían a toda persona percibida como hombre que no cumplía sus estandartes. Ellos podían salir a la calle, tenían independencia masculina, por eso se ensañaron especialmente con ellos, eran visibles. Los ridiculizaban en público, ante las masas. A los que tenían pluma no los intentaron domar y someter como a nosotras, directamente los destrozaron e intentaron exterminar. De *los mariquitas* se reían en casa, en la escuela, en los bares, en la calle y en el trabajo. Por eso los homófobos encontraron tanta risa cómplice en la televisión. En los monólogos, el teatro, el maldito *entretenimiento* que solo los entretenía a ellos, que aullaban y se descojonaban como hienas a costa de *los sarasas*. Mientras los homosexuales recibían palizas en casa y en la vía pública ante cualquier atisbo de amaneramiento, los heteruzos hacían chistes, monólogos, parodias, sketches y todo tipo de bromas crueles, macabras y exageradas. Clin, clin, clin: la gota en la frente. Cada una de esas mofas favoreció al agujero erosivo en la frente del colectivo. Muchos perdieron la cabeza, muchos no lo pudieron soportar, muchos se suicidaron.

Quienes crecimos durante esas décadas vimos cómo la homofobia se empezaba a transformar. Eran esos tiempos en los que se asumía que un maricón, si se moría, había sido de VIH, de sobredosis o de una paliza. Franco estaba muerto, ya no había vagos ni maleantes y la homosexualidad ya no era una enfermedad mental, pero seguía siendo algo ridículo y despreciable y que merecía castigo. Una perversión contranatura, una amenaza de contagio… y de sodomización. Los señores agredían sistemáticamente a los *maricones*, luciendo sin ser conscientes un miedo atroz a ser tratados como ellos trataban a las mujeres: con desprecio, a embestidas, a golpes, humillándolas y sometiéndolas sexual, social y económicamente. Y metiéndosela por el culo como muestra de dominio y subordinación. También como castigo. ¿Cómo iban a pensar siquiera en permitirle a otro tío hacerles eso?

Así eran los ochenta y así siguieron siendo los noventa. Llenos de **Hombres**™ espeluznantes que nos inculcaron el miedo y a los que preferimos no acercarnos por temor a que nos diesen una hostia o que nos violasen. Delante de los cuales no podíamos abrir la boca. Muchas crecimos en ambientes en los que contestarle a un hombre era un comportamiento que merecía castigo. Ellos tenían derecho. Derecho a decirnos lo que se les pasase por la cabeza. A llamarnos gordas, a cuestionar nuestra inteligencia y capacidades, a prohibirnos asumir tareas *de hombres* y vestirnos *como putas*. Instauraron un sistema que a estas alturas sigue vigente, que se observa involuntario en el comportamiento de cualquier grupo donde hay hombres y mujeres cishetero, aunque no sean mayoría. Durante un fin de semana en una casa rural, ellos prenden el fuego para la barbacoa, ellos imponen los juegos, ellos manejan el volumen de la conversación y de la música. Poco a poco vamos logrando imponer el fin de estas dinámicas, algo que yo concebía como impensable cuando, ni siquiera habiendo alcanzado la pubertad, en mi familia nos hacían levantarnos a nosotras al acabar de comer para recogerle la mierda a los hombres, aunque ellos no fuesen mayoría. «*Tienen que recoger las chicas*». Esa servidumbre era la que les daba sentido a las mujeres, ¿cómo iban a concebir que hubiese algunas cuya misión vital no fuese esa? ¿Cómo no iban a pensar que podían imponernos su mandato y someternos igual que a las demás? No éramos nada más que *mujeres, al fin y al cabo*. Teníamos los dos mismos agujeros que a ellos les importaban: la boca y el coño, y podían cerrárnoslos o abrírnoslos a la fuerza cuando se les antojara. Al fin y al cabo, que quisiéramos follar con otras tipas daba igual. Era solo una fase. Una confusión. Un error. Un fallo de la biología. Una anomalía psiquiátrica. Una tontería. Un consuelo que buscábamos cuando ellos nos rechazaban. Una palabra que nadie era capaz de decir.

Lesbiana.

Esa misma palabra que no fue capaz de articular ni la propia mujer que abrió las puertas del armario lésbico mundial.

«Susan... I'M GAY».

Era 1997. El episodio del cachorro se emitió en la cuarta temporada de la sitcom creada, escrita y protagonizada por Ellen DeGeneres. Se llamaba así porque el personaje de Ellen llevaba desde el primer capítulo (o sea, AÑOS) sin tener ningún romance, así que les propusieron a los ejecutivos de la cadena ABC que la protagonista saliese del armario. Y no solo se negaron en rotundo, sino que la respuesta fue: «Pues que se compre un cachorro». ¿Verdad que es como si pudieses verlo?

Pero esa pedazo de lesbianorra llevaba más de una década en la televisión y estaba harta de negar lo evidente, cansada de performar vaya usted a saber qué.

Y lo dijo. Delante de más de cuarenta millones de espectadores.

«Yep, I'm gay».

Así decidió confirmarlo, con su tremenda pluma y estas tres palabras, en la portada de la revista *Time*. En la entrevista explicaba todos aquellos años escondida en el armario, pero también por qué no usaba la palabra **«lesbian»**. Palabra que, confesaba, odiaba profundamente y cuyo sonido se había tenido que forzar a tolerar. Ella decía usar la palabra «gay» más a menudo porque **lesbiana** le sonaba a *«alguien con algún tipo de enfermedad»*.

Pues claro, Ellen. Era 1997 y ya había pasado toda una década desde que Lady Di fue fotografiada dándole la mano a un enfermo de VIH sin guantes, escandalizando al mundo entero. Siete años después de que la Organización Mundial de la Salud retirase la homosexualidad de la lista de enfermedades mentales. Pero era una **lesssssssssssssssssbiana**.

Démonos cuenta de que, si la homofobia interiorizada de la **lesbiana** más famosa en la faz de la tierra era tal, la que estaba asentada fuera de los cuerpos LGTBIQA+ era brutal. A las declaraciones de DeGeneres le siguieron un aluvión de predicadores, pastores y reverendos, políticos y todo tipo de ciudadanos conservadores exponiendo su grandísima preocupación por aquella bollera depravada que copaba el Prime Time. La televisión se llenó de **Hombres**™ hablando y hablando y hablando, soltando espumarajos por la boca e intentando reforzar esa asociación de ideas lesbiana/enferma y con chistecitos. Se recuerda en particular el del tele-evangelista (icono de la derecha religiosa estadounidense) Jerry Falwell, a quien se le ocurrió aquel agudo juego de palabras digno de parvulario con el nombre de la cómica: «*Ellen Degenerada*».

Obviamente, las **Familias de Bien**® tampoco se quedaron calladas. Qué sorpresa. Muchas exigieron la retirada de la serie. La Asociación de Familias Estadounidenses presionó a los anunciantes para que retirasen la publicidad, y la vida personal de DeGeneres, que hasta ese momento no le había importado una mierda a nadie, se hizo lo que ahora llamaríamos *viral*, pero sin Internet en el centro de todo ni decenas de noticias diarias que lograsen desviar rápido la atención hacia otra cosa. Este evento canónico lésbico tuvo consecuencias positivas, claro. Pero también terribles. Hubo localidades en las que se intentó bloquear la señal de televisión para que la gente no lo viese, la cadena recibió un aviso de bomba y el plató era revisado cada día hasta que acabó la serie y cada episodio de la última temporada incluía un *«parental advisor»* al principio. Oprah Winfrey y muchas de quienes la apoyaron públicamente también fueron amenazadas y Laura Dern entró en la «lista negra de Hollywood» por haber interpretado a la lesbiana Susan, lo que después confesó que le supuso estar años sin trabajar.

Ellen DeGeneres salió del armario entre risas enlatadas, rompiendo con el patrón de un país marcado profundamente por el *Lavender Scare* de los cincuenta, la *caza de brujas* y el Código Hays. Muchas vinieron detrás de Ellen, pero ella ocupó a solas la esfera pública como **lesbiana** durante demasiados años. Sobra decir que, en muchos puntos del mundo, esta historia no llegó a nuestros oídos hasta bien entrada la edad adulta. Yo no tuve ni puñetera idea de quién era hasta pasada la adolescencia. En la mayor parte de los rincones de España, en los noventa, el nombre de Ellen DeGeneres no sonó en ninguna conversación, tampoco salía en el Trivial. Su confesión no fue televisada, el evento lésbico que agitó hasta el suelo no cruzó los océanos, como tantos otros antes.

Y la palabra **lesbiana** se mantuvo muda.

4
Lesbianas y mentiras

You are who you are. The only trick is not getting caught!

But I'm a Cheerleader (1999)

Salir del armario es agotador porque las puertas nunca terminan de abrirse. De tanto escondernos, de tanto apartar la idea de nuestro pensamiento y negarnos a aceptarlo, a pensar en ello siquiera, acabamos metidas en un armario que no tiene fin y nuestra identidad se convierte en una suerte de matrioska que contiene versiones de nosotras mismas, una cada vez más chiquita que la anterior hasta llegar a la última que se esconde en la capa final. La más pequeña, la más tierna, la que más pena me ha dado siempre. Esa figurita enana, dura, la única que no parece estar hueca por dentro y que hace más ruido que ninguna otra. Cuando agitas una matrioska la oyes. Siempre la oyes. Yo he escogido no volver a meter esa figurita en la matriz. Porque salir del armario no consiste en decirle a otra persona lo que eres, sino tener que repetir una y otra vez lo que no eres y poner todas tus fuerzas en demostrar lo que sí.

Salir del armario es también aceptar que te has metido dentro de uno. A veces te adentras tan profundo que acabas olvidando que vienes de afuera y te acostumbras al espacio, al silencio, aprendes a ver a oscuras y hasta lo acabas limpiando y decorando a tu gusto. Pero nada es un hogar si no puedes abrir o cerrar la puerta cuando quieres. Porque la del armario siempre parece estar cerrada, pero no es un escondite hermético. No es un lugar seguro. Hay veces que el espacio arde en llamas, todo se llena de humo y debes salir para no ahogarte, para no morir calcinada. Otras hace tanto frío que necesitas aventurarte a buscar fuera el calor de las demás. Otras, sientes tanta soledad que no queda más remedio. Y así es como nos acostumbramos a salir, una y otra vez del armario. A veces un ratito, otras veces una tarde entera. Otras, la puerta del armario se abre para darnos acceso a un hogar donde nos quieren, a un trabajo donde nos aceptan, a un salón lleno de gente como nosotras.

De salir del armario, lo que más miedo me dio siempre fue estar expuesta. Perder el margen para mentir, para fingir, para escaquearme y poder seguir pasando desapercibida. Me daba pánico verbalizar lo que era evidente y confirmarle al resto que yo era lo que ellos tanto temían o lo que tanto les asqueaba. Que no era lo suficientemente válida, que no era lo suficientemente fuerte como para elegir ser **NORMAL**™. Si la sola sospecha de que fuese lesbiana los llevaba a todos a tratarme de una forma severa y deshumanizadora, ¿qué me esperaba cuando no tuvieran más dudas? Si ya me llamaban *marimacho*, si ya me acusaban de *machorro*, de lesssssssssssbiana, si no me quedaba ni una sola cosa que hacer sin sentir la presión y la ansiedad por que me pillasen, por que supiesen que cometía el más atroz de los pecados, ¿qué me iban a hacer cuando se enterasen? Si estaba rodeada de personas a las que les daba tanto asco la homosexualidad, que cambiaban de canal cuando salía Jesús Vázquez. Recuerdo que mi madre fue una de esas que juraron no volver a escuchar nunca jamás una sola canción de Rosana cuando se empezó a especular sobre que era lesbiana. Porque, amigas, resulta que la que *a fuego lento* le hacía agua a esa señora, era otra señora.

«*Es lesbiana y me ha mentido, porque yo creía que todo eso se lo cantaba a un hombre*».

Al parecer, el LP Rosana no incluía un **Pedazo de Bollera's Advisor** y eso era lo que les jodía de verdad a algunas, y no que fuese una tortillera pecaminosa que quería arrastrarlas a todas al infierno de las tijeras. Bueno, eso también.

En todo el tiempo que pasé en Ávila, solo le conté a una persona que me gustaban las mujeres. Se lo dije al que fue durante unos años mi mejor amigo. Poco después, me invitó a casa de sus padres a ver una peli, se sentó conmigo en el sofá y no sé cómo, pero me acabó coaccionando para tocarme las tetas mientras me pedía desesperado que le acariciase el paquete. No sé si estuvo frotándose contra mí y restregándome las manos por todas partes diez minutos o dos horas, el tiempo se me hizo eterno. Todavía hoy lo pienso y siento arcadas. Pero lo hizo porque *«no pasa nada, así vas aprendiendo lo que le gusta a un tío»*. Yo tenía trece años y no volví a hablar con nadie de que me gustaban las mujeres. Eché la llave a todas las puertas de todos los armarios dentro de los que estaba y no volví a plantearme abrirlas. Estaba más segura ahí.

Así que mentí, fingí y olvidé. Conseguí no pensar en ello y lograr una especie de estado de *piloto automático* que me permitía sobrevivir sin sustos. Lo de ser lesbiana no se me podía ir de las manos. Tenía que controlarlo. Y tenía que controlarme. Para no desear a nadie, para que no se me notase y, sobre todo, para no reaccionar. Para que no explotase la olla a presión.

¿Cómo? Con la marihuana.

5
La olla a presión

Nadie debería crecer pensando que, haga lo que haga, acabará por equivocarse de una manera fatal.

Alana Portero,
La mala costumbre (2023)

Cuando empecé a fumar cannabis, dejaron de darme miedo muchas cosas. Adiós a los ataques de pánico, ¡hasta la vista, hipervigilancia! Me daban igual las lagunas, ni siquiera pensaba en ellas, nada importaba, todo era un teatro, una coreografía. Como un *flashmob* de estos que se pusieron de moda hace unos años en los que de repente un montón de gente dejaba lo que estaba haciendo para ponerse a bailar todos a la vez y que yo podía observar sin participar. Me ayudaba a entumecer todo lo que me pasaba. Fumar me hacía más sencillo soportar la tensión, la parálisis. La mayor parte del tiempo me sentía como un conejo al que habían pillado desprevenido y al que habían elevado a varios palmos del suelo agarrándolo por el pescuezo. E igual que a ese conejo, yo estaba paralizada por el miedo, rígida, quieta, esperando a recibir en cualquier momento un manotazo en la nuca que me matase.

La marihuana me ayudaba a no pensar en las posesiones, en los insultos, en las preguntas, en los cuartos a oscuras. Me disipaba la ira, las ganas de romper cosas, de liarme a cabezazos contra la pared, arañarme los brazos, darme puñetazos en las rodillas y arrancarme el pelo. No recuerdo cuándo empecé a desarrollarla, pero sufro tricotilomanía. Ahora mismo está controlada, pero en mi adolescencia estaba disparada por completo. Las personas que tenemos tricotilomanía nos arrancamos compulsivamente el pelo hasta provocarnos calvas y heridas en la cabeza, en las cejas o en la zona del cuerpo en la que te dé por arrancártelo. No se hace de forma consciente ni voluntaria, es un comportamiento autolesivo que no puedes evitar, pero estar colocada me ayudaba a no hacerlo.

Todo me daba igual, las emociones eran radicalmente distintas, tibias, superficiales. No tenía que procesar cosas que no entendía, pensar, ni sentir nada, la marihuana lo borraba todo. En ella encontré la llave de la puerta del armario. Y cerré por dentro. Convertí ese habitáculo en un espacio sin ventanas ni respiraderos, sin monstruos ni demonios, sin miedo ni empujones, sin luz y sin nada más que silencio. Solo estaba yo, o quien diablos se suponía que fuese, daba igual, no tenía que plantearme nada. Y qué alivio sentía. Cómo me gustaba estar ahí metida, como en el núcleo de la matrioska, alejada de los tipos que me bajaban los pantalones para ver qué tenía entre las piernas, de las tipas que me decían que «*ojalá fueses un chico*», de los cafres que me empujaban por las escaleras, de los curas que me convencían de que me poseería el diablo, de las faldas, del color rosa, de los insultos, de las preguntas, de no tener escapatoria. Me ayudaba a estar callada, a observar. A no contestar a las provocaciones de los *bullies* con los que me encontraba en el instituto, pero también en los «grandes eventos familiares», donde me topaba con versiones de esos tipejos ya crecidos, vestidos con mocasines, banderita de España y polos pijos, que no paraban de hablar de *los rojos, los pobres y los maricones*. Esos esnobs repetían una y otra vez que «*Pedro Almodóvar* (o quien fuera) *es de la olla*». En las cenas de navidad, en los cumpleaños o en cualquier reunión que se preciase, estaba ese comentario.

¿Qué es la olla? Según ellos: «*Coges una olla, metes a todas las putas, las chachas y los maricones, y remueves. Eso es la olla*».

Es difícil gestionar las burlas, el asco, la superioridad y las carcajadas de quienes un día te cuidaron, mientras vas creciendo y te vas dando cuenta de que perteneces a esa olla con la que están obsesionados. Una olla que resultó ser a presión y que terminó explotando, pero que en ese momento solo era un recipiente lleno de agua hirviendo donde yo me veía morir escaldada.

Seguramente ya no, pero mi padre era uno de esos hombres grandes, altos, peludos y corpulentos, que no hablaba de *la olla*, pero insultaba a los gays cuando los veía por la calle. Hacía comentarios, se ponía cerca de ellos o pasaba rozándoles, y a veces murmuraba, pero otras lo decía en voz alta, retándolos con la mirada: «*Maricones, mariquitas, mariconazos*». Le oí escupir esa palabra una y otra vez durante décadas, también cuando se enfadaba con alguien. Si le cabreabas, de su boca podía salir cualquier calificativo como cabrón, hijo de puta, o *marica*. Cuando se cruzaba con alguien torpe en el coche, era «*un mariquita*». Cuando alguien intentaba timarlo o engatusarlo, era «*un mariconazo*». Cuando alguien tenía pinta de serlo, era «*un maricón*».

Sabía que no podía luchar con todo eso. Era demasiado y no veía a más personas como yo. Nunca encontré un refugio, una mirada cómplice, todas estábamos encerradas en nuestra propia matrioska, supongo. Solo pensaba en irme, en huir y no volver. Y estar disociada hasta entonces.

Casi todo el mundo fumaba con quince años. Siempre había alguien con un porrito en el parque, en los botellones, en los findes aburridos en los que hacía tanto frío y había tanta nieve que solo nos apetecía fumarnos uno entre cuatro o cinco y ver películas. Después empecé a *pillar* yo sola, piedrecitas pequeñas que los chavales de los últimos cursos nos vendían más caras de lo que las habían comprado. Una de esas pequeñas bolitas marrones duraba en la cartera meses, esperando a ser pellizcada cuando estaba triste o furiosa. Empecé a pellizcarla también cuando tenía ansiedad, cuando estaba nerviosa, cuando estaba aburrida o cuando no sabía cómo gestionar una emoción. Fumaba cuando no podía respirar, fumaba mientras me arrancaba a pellizcos el pelo, fumaba cuando tenía ganas de tirarme a las vías del Media Distancia. A veces pensaba en salir caminando, colarme en un tren y ver hasta dónde podía llegar sin que me pillasen. Me preguntaba si, una vez desaparecida, alguien se pondría a buscarme. Otras veces, planeaba irme al campo y vivir entre dos rocas. También deseaba que se muriese todo el mundo. Pero cuando fumaba me daba igual esperar. Sabía que el tiempo podía pasar mucho más rápido y que se acercaba más el final de esa macabra historia, que podría irme lejos y no volver, fingir que era otra persona, o más bien dejar de fingir que era otra persona. Porque estaba segura de que lo que había fuera se parecía bastante a lo que veía a mi alrededor, ser lesbiana estaba mal en casi todas partes, pero al menos no me conocería nadie. Podría pasar desapercibida de verdad.

Un día nos llevaron a Madrid de excursión. Yo ya sabía lo que era Chueca. No tenía detalles, pero había oído que era un barrio donde los *desviados* caminaban a su aire y no les pasaba nada. Que esas calles eran suyas y que cuando dos hombres se besaban nadie les insultaba ni les perseguía para matarlos a golpes. Una amiga y yo buscamos la parada de metro de Chueca, fuimos hasta allí, y caminamos hasta Sol de la mano, agarrándonos la una a la otra fuerte y riéndonos como locas. Ella solo había tenido novios y no se definía como lesbiana ni bisexual, pero de vez en cuando le gustaba darse algunos besos en la boca con otras chicas y yo veía en ella algo que se parecía a mí. De los nervios y con las manos sudorosas, paseamos mirando a todos lados, comprobando que nadie nos miraba sin ser conscientes de que era un comportamiento adolescente bastante normalizado entre las chicas heterosexuales y que había lugares en los que no pasaba nada por hacerlo. Pero a mí me hizo ilusión que nadie nos gritase o mirase con cara de asco. Que nadie se acercase a explicarnos que eso no se podía hacer.

En los dieciocho años que viví en Ávila, obviamente me pasaron cosas con chicas. La mayoría me gustaban y ya. A algunas de ellas yo les gusté también. Con unas cuantas hubo abrazos, otras me daban la mano, también me besaron. Tuve *amiguitas* muy cariñosas en lo físico y eso provocó que muchas veces la gente se acercase a reprendernos. A veces era una señora mayor que nos gritaba que «*¡eso no se hace, que sois chicas!*». Otras, eran hombres que aparecían de repente preguntando «*PERO QUÉ HACÉEEEEIIISSSS*». En ocasiones, eran los niñatos de nuestra edad que se acercaban a hablar a la chica que estuviese conmigo y le decían cosas como «*¿qué haces con esta, no ves que no tiene polla?*», mientras me daban la espalda haciendo como que yo no existía. Esos que se hacen mayores y pasan riéndose entre dos mujeres que no conocen de nada para separarlas cuando las ven con las manos entrelazadas. Los que se te quedan mirando fijamente porque *hay que salvar a esa chica* de ti.

En Madrid también ocurre. Cuando terminé el instituto no tuve dudas de a dónde ir, pero lo que me encontré no era exactamente lo que creía que iba a ser. No me esperaba una explosión de purpurina, maricones y bolleras a mi llegada, pero lo cierto es que me encontré que las personas como yo estaban más escondidas de lo que pensaba y que la lgtbifobia no era, ni de lejos, moderada. En viajes, campamentos y por el ciberespacio, había conocido a más chicos gays y a alguna chica que se atrevía a decir que era bisexual.

En el primer año de carrera, yo seguía dentro de mi armario. Con los mismos mecanismos de defensa y camuflaje, con mi terror a la pluma, rechazo a lo queer y nula capacidad para hablar sobre el tema. Había una chica, amiga de mi primer amigo abiertamente gay de clase, que era bollera. Para mí era alucinante verla, toda *choni* con su pelo largo y su flequillo, su piercing en la lengua, la raya pintada en el ojo, pantalones de campana y el ombligo al aire. Me acuerdo hasta de su nombre: Elisa.

Una noche, de fiesta, se me acercó borracha y me dijo: «*Pero tú eres lesbiana, ¿no?*». Y a mí no me salió otra cosa que responderle: «NO LO SÉ». Y claro que no lo sabía, si yo creía no haber visto a una sola lesbiana más en dieciocho años de vida, si todas las chicas que me habían besado hasta entonces tenían novio, si yo era una mentirosa, igual que Rosana, y no quería decir en voz alta la palabra que más me aterraba en el mundo por si los curas de mi instituto tenían razón y en realidad eso era solamente una **fase**, algo de la adolescencia que se me tenía que haber pasado y quizá yo iba tarde y ya se me pasaría y me arrepentiría para siempre porque lo lógico es ser hetero aunque le quieras lamer la cara a otras chicas. Uf.

Había visto travestis, aunque no supiera ni qué era el drag. Sabía que existía la Veneno, pero no entendía lo que era una persona trans. Sin embargo, empezaba a desesperarme pensando que no había más lesbianas. Sabía que debían existir porque, obviamente, ahí estaba yo, pero tardé varios años en encontrarlas. Empecé a acostarme con chicas, pero a veces me daba besos con algún chico también, como siempre había hecho para que la gente no pensase que era *lesbiana del todo*. Conocí a otras personas «que no sabían lo que eran», empecé a salir, fui al Orgullo. Conocí Chueca y no encajé. No me gustaba especialmente salir, no tenía ningún tipo de capital social, y encima le daba a la marihuana en vez de cocaína y popper. Creí que no había nada más allá y me volví a sentir sola, así que seguí fumando hasta que empecé a conocer personas queer, muchas gracias por compartir mi gusto por el verde. Tuve novias y amigas, empecé a escapar de la matrioska y a necesitar una personalidad que hasta entonces no había tenido. Empecé a crecer con dieciocho años, a aprender a contestar, a defenderme. Y también a enfrentarme a esos hombres grandes, altos, peludos y corpulentos, que me insultaban por la calle. Y la olla a presión explotó.

Si en el momento en que me muera alguien viene a preguntarme si me hubiese ahorrado un evento de mi vida, diré que este. Sin duda.

Yo ya tenía veinte años y las cosas muy claras la última vez que mi padre insultó a una pareja delante de mí. Estábamos paseando de noche por Barcelona. Dos chicos esperaban en un paso de peatones, él se puso a su lado y dijo algo así como «*vaya par de maricones*» mirando hacia nosotros, sus hijos. Los chicos no dijeron nada, se quedaron quietos y callados, y él siguió caminando. Recuerdo la impotencia y las ganas de darme la vuelta, salir corriendo y no volver. Recuerdo estar al límite, no aguantarlo más. Poco después de que esto ocurriese, salí del armario de manera forzosa. Mi madre hizo un comentario sobre lo penoso que era tener hijos homosexuales y exploté. Explotó la olla a presión. Por eso, por los chicos de Barcelona y por todas las veces que había estado en el lugar de esa pareja. Exploté por todas esas personas que me gritaban, por las que se acercaban intentando intimidarme, por las que me seguían por la calle hasta que se cansaban o simplemente me empujaban al cruzarse conmigo. Las que me escupían sus mismas palabras, con el mismo tono y la misma cara de asco, una y otra vez. Exploté desde dentro del armario, desde dentro de la matrioska, y salpiqué toda esa agua que me llevaba hirviendo en el pecho dos décadas.

Solo exploté una vez, pero la onda expansiva llegó a todas partes. En el momento, me cayeron encima una retahíla de frases que bailaban entre el *me has mentido* y *ahora me lo explico todo*, la furia, la ira, la incomprensión y el rechazo. Después de aquello, el silencio. El cómplice, el incómodo, el de la vergüenza. Ella se encargó de contarles a los demás «mi secreto», que se fue extendiendo por toda la familia, aunque nadie se sentó a hablar conmigo, nadie me miró a la cara, todo el mundo hizo como si no hubiese pasado nada. Cuando mi padre lo supo, me preguntó que por qué no se lo había dicho antes, que por qué había estado tantos años sufriendo así, le recriminé lo que les hacía a las personas que eran como yo por la calle. Lo de los chicos de Barcelona. Su respuesta fue que lo hacía *«para ver si yo reaccionaba»*. Y vaya que si reaccioné. También me dijo que *«es que dos chicos me da mucho asco, pero dos chicas... me gusta»*.

Ambas personas se han esforzado en cambiar y quizá sus reacciones, al igual que todas las cosas que hicieron y dijeron antes de que yo explotase, hubiesen sido distintas hoy. Quizá no. Quizá han *cambiado* solamente porque esto pasó. No lo sabremos. Pero de lo que sí estoy totalmente segura es de que en ese momento me confirmaron lo que yo ya tenía más que interiorizado: que eso era lo que me esperaba si me gustaban las mujeres. Rechazo o deseo.

Y nunca sabré decir cuál de las dos opciones me parece peor.

6

Manual de la perversa lesbiana

Por eso, Dios los ha abandonado a pasiones vergonzosas. Incluso sus mujeres han cambiado las relaciones naturales por las que van contra naturaleza; y, de la misma manera, los hombres han dejado sus relaciones naturales con la mujer y arden en malos deseos los unos por los otros. Hombres con hombres cometen actos vergonzosos y sufren en su propio cuerpo el castigo de su perversión. Estos serán castigados como Reyes por el resto de la eternidad.

Romanos, 1:26-27

En realidad, me hicieron salir del armario, pero no sirvió para que nadie descubriese que era lesbiana. Simplemente, se confirmó algo que sabían desde hacía mucho tiempo. Había que estar muy cegada para no verlo y la verdad es que encontré de todo menos sorpresa en las reacciones. El problema es que hay algunas personas que encontraron en mi lesbianismo la razón de mis *rarezas*, de que no fuese **Normal**™. Puede que yo fuera evasiva y hostil, que mi comportamiento en ocasiones resultara problemático. Puede que me costara socializar, que no hablase demasiado, que rechazase la intimidad y no dejase que nadie me tocara o que fuese autodestructiva. Pero no me comportaba así por ser lesbiana, sino por cómo me habían tratado y el miedo que había sentido toda mi vida.

Yo soy una de esas que se vio intentando convencer a quienes me odiaban de que, pese a todo, era una persona **Normal**™. Hice esfuerzos sobrehumanos para demostrar que era igual que el resto. Que también podía tener un trabajo, una familia, un coche, una «vida adulta y funcional» y que no iba a acabar en una cuneta, en la cárcel, en un hospital o con una jeringuilla colgando del brazo. Que no era *una lesbiana de esas*. Con veinte años, ya no me levantaba pensando *«que se me pase, que se me pase, que se me pase»*, pero seguía intentando no encajar en los moldes de los prejuicios homófobos para que todos ellos pensaran que yo no era como las otras lesbianas. ¿Cómo iba a ser yo tal cosa? ¡Una lesssssssbiana! Algo *contranatura*. Una bollera, una camionera, una marimacho, una leñadora, una lesbiana DE ESAS.

Durante mucho tiempo, el prototipo de mujer que tenía la gente en la cabeza cuando pensaba en una lesbiana era una caricatura de un *medio-hombre*. Una mujer que performaba ser un tipo resignado, resentido y solitario. *Envidioso de pene*. Mentiroso, violento, peligroso. La gente pensaba que una lesbiana solo podía aspirar a ser uno de los peores tipos de integrantes del otro género, que eran una suerte de colectivo de *incels* castrados que encabezarían la cola para violarte si algún día ibas a la cárcel. Porque, al final, las lesbianas somos mujeres y lo único que debemos tener claro es que solo somos una versión peor de lo que son los hombres. Y por eso se nos ha recordado siempre sin parar que somos tías, que no tenemos polla, que estamos mal de la cabeza y que sufrimos una enfermedad mental que nos distorsiona la visión sobre nosotras mismas... salvo que no seamos *lesbianas del todo*. Para ellos, hay dos tipos de lesbianas: esas a las que se puede cambiar, convertir o convencer y las insalvables. Las primeras son aquellas que salen en el porno, desnudas y en tacones, y que juegan inocentemente hasta que por fin aparece un hombre a poner orden y a *follárselas de verdad*. Si no deseas eso, en el fondo es porque crees que tú eres el señor. Y por eso, en su cabeza, tienen el convencimiento de que rechazas la feminidad, te cortas el pelo, no llevas vestiditos, no hablas con la voz aguda y ocupas el espacio que te da la gana.

Las lesbianas eran machorros que llevaban el pelo corto, camisa de cuadros, pantalones y mocasines. Y luego, había otras que se dejaban engañar por tipos de esa calaña.

Yo tenía diez años y ni idea de lo que era una lesbiana la primera vez que vi a Dolores Vázquez en los informativos. Condenada sin pruebas por un «crimen pasional», el asesinato de una de las hijas de su expareja, esa mujer fue expuesta en todas las televisiones de España como una *lesbiana perversa*. Todo el mundo contribuyó a generar esa imagen, las autoridades, sus vecinos, la familia de la acusación, la prensa, los periodistas en las tertulias de televisión, los líderes de opinión y la gente en su casa, en los bares y en la calle. El caso Wanninkhof trascendió mediáticamente como lo hacían todos los crímenes macabros en esa época, nadie hablaba de otra cosa. Y de la que no fue ni sospechosa, sino directamente considerada culpable, escuchamos palabras como «*despechada*», «*dominante*» y «*perversa*». De la que era al principio definida como una «*íntima amiga*» de la familia, oímos cábalas sobre que estaba celosa y resentida, que la madre de la niña no quería volver con ella y que por eso la mató. Que «*la otra no parecía tan lesbiana*», que ella sí era «*una de esas con complejo de hombre*». Que los homosexuales están muy reprimidos y por eso «*son capaces de una violencia desmedida*». Dieron de Dolores Vázquez una versión brutalista, llena de masculinidad, abusadora, fría, impasible y mentirosa. Contaban que «*hacía pesas*», que era «*una dominatrix*» en el trabajo, que «*perseguía a las mujeres*», que las engañaba, que las maltrataba. Que era, al fin y al cabo, una **lesbiana de esas**.

Esa mujer fue sacada a la fuerza del armario solo para poder ejercer sobre ella el odio, los prejuicios y el castigo que únicamente una lesbiana podía merecer. Una lesbofobia sobre la que giró todo un relato que consiguió que un jurado popular la metiese en la cárcel por un crimen que nunca cometió. Esa *camionera* fue condenada y pasó encerrada casi dos años, hasta que se encontró al verdadero asesino. Nadie aplaudió, como habían hecho cuando se dictó la sentencia que condenaba a Vázquez. Nadie se disculpó, nadie volvió a hablar del tema.

Esa señora escuchó una y otra vez gritos hacia ella de «¡*bollera*!», «¡*lesbiana*!», «¡*asesina*!». Todas esas cosas conllevaban un pecado repugnante. Dolores era la perfecta lesbiana maligna, alimentaba el estereotipo, personificaba todo lo malo que una mujer podía ser. Y lo cierto es que se parecía a algunas de esas vecinas de mi barrio que vivían solas, como mucho con un gato, que llevaban pantalones y camisas de la sección de ropa *de hombre*, que tenían la voz grave y que se movían rápidas y decididas, pero que siempre eran discretas. Nadie sabía nada de ellas, ni de sus circunstancias, de sus vidas. No regalaban palabras, no hablaban con ninguna otra persona y solo iban más allá del saludo si pasaba algo importante. Las lesbianas nunca eran chicas jóvenes, las lesbianas no eran atractivas. Si en una mujer se perfilaba cualquier atisbo de feminidad, esa sin duda no era una lesbiana. Las lesbianas *creían ser hombres, querían ser hombres*, y como consecuencia se vestían y hablaban, imitándolos. Las lesbianas nacían, vivían y morían solas, a no ser que encontrasen una pobre viuda a la que engañar, una divorciada con la que divertirse o una amiga a la que darle pena. Las lesbianas, aunque nadie supiese explicar muy bien por qué, eran algo a lo que temer.

Y claro, para la generación de nuestros progenitores y abuelos solo era una cosa más a la que tenerle miedo. Las generaciones anteriores a la nuestra nos educaban en base al miedo, tal y como habían hecho con ellas, y nos inocularon todos los que pudieron para «protegernos». Hubo un momento en el que pensamos que simplemente yendo al parque a jugar podíamos volver a casa con VHI, hepatitis B, C y D, sífilis, tétanos y tuberculosis. Si llegábamos antes de que nos secuestrase alguien en el camino de regreso. Nos obsesionaron con que la aguja de un heroinómano podía esconderse en cualquier parte, esperando para pincharse como la de la rueca de La Bella Durmiente. Obvio que la pobre se desmayó, ¡con todo lo que llevan las agujas! Nos hicieron creer que cualquier extraño podía raptarnos, que siempre había un hombre en la puerta de los colegios regalando caramelos con droga. No nos advertían de los pedófilos, aunque estuviésemos rodeadas de ellos, nunca nos decían que podían ser nuestros profesores, monitores, entrenadores. Los curas. Nunca quisieron admitir que también vivían en nuestras casas, siempre eran misteriosos extraños que debíamos evitar. «*No te fíes de los desconocidos, no te separes, no camines sola. No le abras la puerta a nadie si yo no estoy. No hagas autostop, que te acompañe algún chico a casa. Avisa cuando llegues, avisa cuando salgas. Ten cuidado si hablas con alguien en Internet. No te acerques a los maricones, que tienen enfermedades*». Como si fuéramos pulgas.

Había decenas, cientos de cosas a las que temer. Muchas, con razón, pero otras fueron exageradas y sembraron la paranoia. En esa misma época, un chico de dieciséis años masacró a su madre, su padre y su hermana con una catana y sembró el pánico. Muchos pensaban que, más allá del diagnóstico psicótico, ese chaval había asesinado brutalmente a su familia influido por los videojuegos violentos y que cualquiera de sus hijos podía matarlos mientras dormían si no elegían bien qué les dejaban poner en sus videoconsolas. Los medios de comunicación sensacionalistas usaron las experiencias de esa época para traumatizar a la población y moldear en nosotras ansiedades y preocupaciones tremendas. «*Ten cuidado con los latin kings, con los neonazis, con los punkis*».

Tenles miedo a las sectas, a los infanticidas, a la enfermedad y al contagio. A las niñas muertas.

En 2008 hubo una campaña de vacunación nacional contra el VPH gratuita para las chicas de entre once y catorce años. El virus tiene varias enfermedades asociadas y algunas, como el cáncer de cuello uterino, pueden ser mortales. La noticia de una niña que había fallecido tras vacunarse provocó en algunas que se negasen a vacunar a sus hijas, sobre todo en el caso de las que estábamos fuera del rango de edad para el que la vacuna no estaba financiada. Las dosis son carísimas. «¿*Pagar para que mi hija se muera?*». No, señor. Esta contradicción (el miedo al contagio versus el miedo infundado por los medios) se generó, en parte, gracias al pensamiento retrógrado que asociaba las ITS a la promiscuidad y la homosexualidad. ¿Quién iba a pensar que su hija iba a ir por ahí acostándose con cualquier tipejo? ¿Quién iba a pensar que su hija iba a acabar siendo una lesbiana? Aunque en ese caso, daría igual, porque *las lesbianas no follan de verdad*. Eso han estado pensando también la mayoría de las personas dedicadas a la ginecología hasta ahora y de eso nos convencieron a muchas también. Si no hay penetración, no hay peligro. Y aquí estamos algunas, con treinta y cuatro años y recién recuperada de la eliminación de un VPH cruzado después de que me rebanasen el cuello del útero. Desde 2008 yo no había vuelto a escuchar sobre el virus... hasta que empezaron a diagnosticar a mis amigas. Ahora mismo vivimos una silenciosa pandemia, de la que no se habla porque da vergüenza, ya que es lo que nos enseñaron: enfermedad, promiscuidad, falta de cuidado por mantener relaciones que te dijeron que no eran peligrosas. Putas y lesbianas.

Las santas, las buenas mujeres, no tienen el papiloma.

7

¿Y vosotras cómo folláis?

I could eat that girl for lunch
Yeah, she dances on my tongue
Tastes like she might be the one
And I could never get enough.

BILLIE EILISH, *Lunch*

La primera vez que pedí cita para que me hicieran una citología, mentí. Lo hice porque me preguntaron si había mantenido relaciones sexuales alguna vez y contesté que sí porque sabía perfectamente que en la pregunta de la matrona estaba implícito que se refería a relaciones heterosexuales. Pero aun así me lo aclaró: «*Relaciones sexuales con penetración, ¿no?*». Y yo volví a decir que sí, intentando no mover ningún músculo de la cara que me delatase como sucia lesbiana mentirosa defraudadora de la sanidad pública que solo quería que le explorasen el cuello del útero por pura diversión.

Mis amigas ya me habían advertido de que era la única forma con la que habían conseguido que les realizaran las pruebas. Se supone que tienes que empezar a hacerte citologías periódicas a partir de los veinticinco años, a no ser que hayas «mantenido relaciones sexuales» antes. La ausencia de la penetración anulaba automáticamente la posibilidad de que esas relaciones pudiesen ser consideradas como sexuales. Los cristianos necesitaban que así fuese y se inventaron mil y una maneras de justificar que no pecaban antes del matrimonio, ya que para poder acceder a ese santísimo sacramento… uno de los requisitos es mantenerse célibe hasta la boda. Encontraron en los *preliminares*, los *juegos*, el *petting* y otras mil y una palabras más, la clave para que lo que hacían «no contara» a ojos de dios. Incluso muchos afirmaban que el sexo anal «tampoco contaba» (dependiendo del ano de quién) y que en ese tipo de trucos está el secreto de poder vestirte de blanco en tus nupcias siendo **VIRGEN**. Pura, intacta, entera, casta, incorrupta.

Virgen era cualquier persona que nunca hubiese *follado de verdad* y virginal se mantenía la que jamás había «conocido varón» que la desflorase. Eso incluía, obviamente a las lesbianas, a pesar de no ver en nosotras ni el más remoto ápice de pureza. Y como tantas otras visiones construidas desde la moral cristiana y que tienen que ver con las mujeres, la idea de que nosotras no mantenemos sexo ha germinado e invadido también la mentalidad de quienes han escrito los libros de medicina.

Las situaciones con las que nos hemos estado encontrando las lesbianas en las consultas ginecológicas son incómodas, desagradables, bizarras. Caras de sorpresa y confusión, preguntas incongruentes, rechazo, infantilización y todo tipo de invalidaciones. Porque lo nuestro, en realidad, no es follar. Y, por lo tanto, ni es peligroso ni despierta ningún interés médico. Pensar que el sexo entre mujeres no es sexo es algo que no solo ha comprometido la percepción que tiene la gente de las relaciones sáficas, sino que es la idea alrededor de la cual se han construido también la educación sexual y los conocimientos sobre nuestros cuerpos. Por supuesto, se ha dicho una y otra vez que el «*sexo seguro*» es algo que no nos afecta. Que lo nuestro no esconde ningún riesgo, que es imposible contagiarse de nada porque lo máximo que podemos hacer es frotar nuestras vaginas haciendo la tijera. Durante varias décadas, la educación sexual ha consistido en construir la idea de que los condones servían solamente para evitar los embarazos en parejas hetero y el sida en parejas homosexuales. Nada más. Los hombres gays están enfermos y transmiten todo tipo de infecciones y los heterosexuales te pueden dejar embarazada, pero una lesbiana, como mucho, te activa la candidiasis. Lo mismo que un antibiótico. Obviamente, nos convencimos de que el sexo lésbico no nos exponía y que éramos una especie de seres libres de contagio de infecciones o enfermedades y que no necesitábamos tomar ningún tipo de precaución. El sistema siempre nos ha discriminado, siempre ha mirado hacia otro lado apartando la vista de aquellas mujeres que no se acuestan con hombres, que no necesitan métodos anticonceptivos, sean lesbianas o no.

Tal es la falta de sensibilización, sensibilidad, información y explicaciones, que cuando me bajó la regla por primera vez, yo no sabía qué estaba pasando. Era verano, un poco antes de mi doce cumpleaños, y me disponía a ponerme un bañador con mi hermana para ir a la piscina. Al bajármelas, encontré mis braguitas llenas de sangre, aunque al verla no supe identificar qué era esa mancha. Yo miré atónita ese cerco rojo oscuro y se lo enseñé a mi hermana, preguntándole qué era eso. Ella me respondió *«no lo sé»*. Tenía dos años más que yo y sabía perfectamente lo que me estaba pasando, pero por aquel entonces la menstruación era una de esas cosas «íntimas» que daban vergüenza, que resultaban indecorosas y de las que no se hablaba en absoluto, así que posiblemente prefirió no asumir esa conversación incómoda y desagradable y que fuese mi madre la que me explicase lo que me iba a estar pasando cada mes de las siguientes décadas de mi vida.

Ella sí me dijo que era la regla, aunque no me dio muchas explicaciones. Me hizo entrar en el baño y desde el otro lado del umbral me dio una compresa, un par de instrucciones vagas, me espetó algo así como que «*lo más importante es que mantengas la higiene*» y cerró la puerta. Todo lo que aprendí después de eso fue buscando en Internet o a base de práctica y costumbre. Sobre la regla y sobre todo lo relacionado conmigo misma y mi cuerpo. Y con el de las demás.

En mi casa, las revistas eran revisadas cuando las traíamos del quiosco antes de que las leyésemos. A veces las publicaciones para adolescentes traían reportajes de «como besar a tu chico con lengua» y algunas encontraban en esas páginas la información que quizá no estaban preparadas para ver, así que las páginas que contenían imágenes o mensajes *subiditos de tono* se arrancaban e iban a la basura. Cuando esas escenas estaban en la televisión, normalmente se cambiaba de canal sin mediar palabra, después de un silencio gélido e incómodo. Ni en el colegio ni en el instituto nos hablaron tampoco del sexo o de nuestros genitales más allá de la explicación básica de la reproducción y un puñado de advertencias morales. Sabíamos lo que era la masturbación, por lo obvio, aunque solo los chicos hablaban de ello. Ninguna chica admitía darse placer a sí misma, cosa que muchas se mantuvieron fingiendo no hacer hasta casi cumplir la treintena, y nadie hablaba sobre flujos u orgasmos, sobre infecciones o parásitos.

La primera vez que vi un condón fue tirado en el suelo de un parque. La primera vez que vi a dos personas desnudas juntas, fue en una película. Fui bastante ingenua durante mucho tiempo y la verdad es que no sentí demasiado interés hacia el sexo hasta casi terminar el instituto. Como los chicos no me atraían y pensaba que las mujeres no podían hacerlo tampoco, no era algo que me preocupara demasiado. Todo lo contrario, me resultaba un tema molesto y engorroso, y prefería no saber nada de eso. Y me resultó fácil obviar el asunto porque, de la misma manera que la compañía de las chicas me había hecho sentir sumamente incómoda en el colegio, en el instituto me empezó a ocurrir lo contrario. Era con ellas con quien encontraba tranquilidad, no me hacían tantas preguntas como los chicos, no hablaban constantemente de genitales y fluidos, y sentían pudor a la hora de hablar de sus propios cuerpos, lo que me venía genial. Muchas no teníamos ni idea de qué forma eran las vaginas de las demás, no imaginábamos siquiera el aspecto de unos testículos y fuimos asimilando los cambios en nuestra anatomía con pánico, confusión y pudor infinito.

La masturbación y el sexo eran algo reservado para las conversaciones masculinas, como lo eran también el porno y la prostitución. Es escalofriante pensar que las mujeres no podíamos siquiera opinar acerca de esto. Yo había escuchado cosas vagas sobre todo eso y sobre las mal llamadas *películas de adultos,* pero era una cosa *de chicos* sobre la que prefería no indagar. Hasta que me di de bruces con ella.

Todo mi conocimiento sexual y sentimental dependía de mis propias investigaciones, hacía lo mismo que haría cualquiera que tiene preguntas a las que nadie responde: buscar respuestas en Internet. Así que le pregunté, esperando que fuese como una suerte de oráculo que me iluminara en el posible camino al lesbianismo o que me dijese de una vez por todas que seguía atrapada en una fase y que era normal:

¿Soy lesbiana?

Si en la actualidad escribes esa pregunta en Google, el buscador arroja miles de resultados: test, blogs, artículos, libros, canciones, películas, series, historias de otras mujeres, de todo. Yo esperaba algo así, pero lo único que encontré fue pornografía. Me topé con imágenes y vídeos que ni entendía ni estaba preparada para ver y que retrataban a unas lesbianas que no tenían nada que ver con Dolores Vázquez o las vecinas de pelo corto, camisa de cuadros y mocasines.

Pese a esforzarse en mostrarnos como la antítesis de lo atractivo y deseable, es curioso que los hombres cishetero hayan proyectado de nosotras las lesbianas algo completamente contrario a esas *camioneras* que tanto les asquean para cumplir con sus fantasías. Todas sabemos de lo que hablo. Solo basta con abrir Instagram y poner la palabra *«lesbiana»* en el espacio de búsqueda para entenderlo.

Nosotras hemos sido víctimas del porno que consumen, en el que nos sitúan SIEMPRE como objeto pasivo de la penetración y el sometimiento masculino. La historia se repite una y otra vez: dos mujeres desnudas comienzan tímidamente a darse placer hasta que aparece un hombre. Esto responde muy bien al cliché, pero también a la creencia impuesta por los señores de que no hay sexo si no hay pene y que todo lo demás son juegos pueriles e inocentes. Y obviamente, también a que ellos tienen el deber de corregirnos en nuestro error y ayudarnos, y que eso los legitima a intervenir cuando nos ven juntas por la calle, en un bar, en la playa, en el transporte público. Cualquier lugar es bueno para proponerles un trío a dos lesbianas.

Es posible que todas recordemos aquella primera vez que nos acosaron al salir de casa, el primer comentario misógino de un desconocido, la primera vez que un tipo se nos ha quedado mirando y nos ha seguido hasta el portal de casa, la primera vez que nos han gritado *puta te follaba* o que nos han enseñado la polla en medio de la calle. Lo recordamos porque asumimos que es el principio de algo que siempre nos va a ocurrir y que tenemos que empezar a vivir en base al miedo a que nos ocurra. Eso o algo mucho peor. Yo recuerdo todo eso, y también la primera vez que busqué ayuda para saber si era lesbiana y me encontré a dos chicas que no lo eran, desnudas, dándose placer la una a la otra hasta que venía un tío a follárselas *«de verdad»*. No fue justo en ese momento, tardé unos cuantos años más en darme cuenta y asumir que esa era la imagen que iban a tener de mí los hombres si decidía no comportarme como ellos, ser masculina, una lesbiana perversa.

Con el tiempo, también fui descubriendo que aparte de asco o fetichización, había algunos que simplemente no entendían que yo existiera. Según me iba convirtiendo en una lesbiana visible, una nueva pregunta se empezó a repetir:

Pero… ¿y vosotras cómo folláis?

Al principio, contestaba. Daba explicaciones, estaba acostumbrada a darlas, a justificar casi cualquier cosa que tuviera que ver con mi identidad ante la mínima duda que les surgiese a conocidos y desconocidos. Después, empezó a cabrearme. Al final, terminé dándome cuenta de que las personas que lo preguntan son las mismas que tampoco recibieron ningún tipo de educación, que no saben nada de sus cuerpos ni de los ajenos, que también están criadas sin amor ni respeto hacia sí mismas y las demás, y que no entienden cómo funciona un cuerpo humano porque las han educado bajo la vergüenza, la culpa y la dominación versus sumisión.

Y aunque suelen ser siempre hombres cisheterosexuales los que formulan esas preguntas tan absurdas como impertinentes, hay mujeres que las hacen también. Algunas no, porque siguen bajo ese pudor impuesto y moralista de que *las mujeres no deben hablar de sexo*. Esa ignorancia se extiende de igual modo hasta las propias lesbianas también. Durante mucho tiempo fue mi caso y he estado con mujeres que no conocían tampoco sus propios cuerpos, con varias que no eran capaces de acostarse con otra persona si no era a oscuras ni de admitir haberse masturbado, o no saber cómo alcanzar un orgasmo. Me he acostado con individuas que no se dejaban tocar porque *prefiero solo empotrarte y ya está* y con algunas que solo mostraban interés en la violencia y la humillación.

Porque sí, durante demasiado tiempo la falta absoluta de educación sexual y de perspectiva feminista ha provocado que muchas lesbianas nos relacionásemos de una manera terrible, repitiendo dinámicas tóxicas, dañinas y abusivas, basadas en el poder y el sometimiento. En la misoginia y las contradicciones morales. Nos enseñaron que los falos sirven para dominar, que siempre debe haber una persona «pasiva» en la ecuación, y que el sexo y también la seducción deben responder a los patrones de *conquista* y pertenencia. Que los celos son «normales» y que la violencia entre nosotras, como pasa con el follar, no existe. Porque no hay un hombre de por medio.

8
Ojalá me gustasen las chicas

We accept the love we think we deserve.

STEPHEN CHBOSKY,
The perks of being a wallflower

Lo confieso, muchas veces pensé que relacionarme con otras mujeres sería algo idílico, precioso, suave, inevitablemente agradable. Durante años, me formé infinidad de ideas preconcebidas, pensaba constantemente en que habría una mujer que me quisiera algún día, a la que no le diese vergüenza estar conmigo o que no desease que yo fuese un hombre sino a la que le gustase siendo yo misma. Mi media naranja, el yin de mi yan, la luz entre tanta oscuridad. Uf. Creía que todos los disgustos, las malas experiencias, el corazón roto y los sentimientos no correspondidos se acabarían cuando saliera del armario y conociese a más lesbianas. Ja, ja, ja.

Supongo que tenía las mismas expectativas puestas en el amor que podría tener cualquier otra persona con mi edad, pero lo cierto es que el ansia de tener una novia a toda costa no ayudó. Si mezclamos todo esto con la influencia del amor romántico y los guiones de las películas que me creí, con que sentía una profunda aversión hacia mí misma, que no sabía gestionar mis sentimientos, que me daba pánico la soledad, que no recordaba que alguien que no fuese una amiga me hubiese dicho que me quería en toda mi vida y que el rechazo continuado me había convertido en una persona sin ningún tipo de amor propio que era capaz de ver en cualquier mínimo gesto de atención todo el amor que se merecía.

Ojalá supiese explicar mejor todo lo que me llevó a sentarme en la consulta del psicólogo. Ya llevaba tiempo pensando que quizá no era tan capaz de soportar la vida como pensaba. Y allí estaba Josué.

No sé qué me pasa.

Pero sí sabía que me pasaba algo. Y no me empujaron hasta esa silla ni los primeros trece años de mi vida prácticamente en blanco, ni la tricotilomanía, ni los ataques de pánico, ni el asma nerviosa, ni los tics en los ojos, ni la marihuana, ni el insomnio, ni el miedo a estar poseída o las ganas de morirme. Yo ni siquiera me daba cuenta de todo eso, había asimilado que me ocurría y ya está. Decidí ir al psicólogo porque un amigo me sugirió que lo hiciera después de verme caer por quinta o sexta vez en el juego de una chica que me hacía refuerzo intermitente. Ella me gustaba mucho, aunque creo que ni siquiera me terminaba de caer bien. Tampoco me parecía especialmente guapa ni tenía ninguna característica particular que me llamase la atención. Sus gustos no tenían nada que ver con los míos, le iban los deportes, el fútbol, las motos, y tenía un comportamiento bastante masculinizado que me hacía sentir incómoda. Pero ahí estaba yo, enganchada viva. Ella tenía citas conmigo, performaba que quería ser mi novia pero que estaba «*atormentada*» y «*no podía comprometerse*», me iba conquistando hasta que nos acostábamos y entonces desaparecía sin dejar ni rastro para volver a los meses (o en cuanto se enteraba de que yo empezaba a acostarme con otra) y comprobar que me seguía gustando, a subirse la autoestima a mi costa.

La primera vez que me llamó gorda, se lo agradecí. Al verme yendo sin ropa al baño, me dijo algo así como: «Para estar así de gorda, qué guay que vayas así desnuda sin complejos delante de alguien». Nos acabábamos de acostar.

Si esto me pasase ahora, la mandaría a la mierda, le diría que se vistiese y se marchase, se lo contaría a mis amigas, me dirían que es una mediocre acomplejada que no merece ni un minuto de atención, la bloquearía en Instagram y seguiría con mi vida. Pero sonreí y le di las gracias. Y no se lo conté a nadie.

Esa lesbiana con complejo de Hugh Grant en *El diario de Bridget Jones* metió el dedo en el enorme agujero que yo tenía ya en mi autoestima. No fue la primera ni tampoco la última persona a la que le permití explorar ahí en busca de restos de amor propio que poder quitarme. También he dejado que otras se quedasen hasta que no había nada más dentro de mí que poder aprovechar, que me desangraran a cuentagotas, lentamente, mientras se quejaban, lloriqueaban, me chantajeaban, me engañaban, me traicionaban, me mentían y mentían a todas las personas a mi alrededor, se marchaban y volvían por pura diversión y me hacían sentir que no era lo suficientemente buena ni como presa de un vampiro. Pensé tanto en el demonio, en dios y en los fantasmas que no me paré a pensar hasta entonces que **todos los monstruos son humanos**. Que hay quienes reptan desde debajo de la cama y se te tumban al lado esperando a que te duermas para meterse dentro de ti e invadirte, comiéndote las entrañas, pudriéndolo todo hasta que no te queda nada más que la cobertura, la piel y unos cuantos huesos. Y mientras tanto, cazan y seducen a todas las víctimas que son capaces, apilando sus cadáveres en el armario y sonriendo y camelando a todo el mundo a su alrededor con frases aprendidas y conceptos intachables sin contradicciones para que nadie sospeche. Porque la loca, *la mala*, la agresiva eres tú. Te lo dicen a ti y consiguen convencer a todas las demás, te aíslan y te van devorando mientras aún respiras y se enfadan cuando les dices que crees que te están haciendo daño.

No es capital exclusivo de las personas heterosexuales, es absurdo pensar tal cosa. Pero aun así, a mí hay personas que no me hay creído cuando pedí ayuda. «*Cómo vas a tenerle miedo, si es una mujer*». Se ha instalado la idea de que las relaciones entre mujeres son idílicas, que entre nosotras no hay patrones de abuso, que no hay abandonos ni negligencias, que no hay maltrato. Que nunca va a ser tan grave como lo que te pueda hacer un tío. Que si crees que una mujer te lo hace, estás exagerando, es que no estás bien, es que tú también haces las cosas mal, siempre estás triste o enfadada, tienes mucho carácter, eres muy difícil o no te sabes expresar.

Ahora sé que puede haber muchas razones que lleven a otras personas a comportarse así, pero que yo seguía buscándolas porque había asimilado que esa era una forma de querer a alguien. Y esa ha sido durante mucho tiempo, y sigue siendo en algunos casos, la forma de amor que yo acepto que merezco.

El odio hacia una misma necesita crecer, pero para eso tiene que alimentarse. Y cuando ese bicho tiene hambre, te empuja a buscar que otras te hagan el daño que no te atreves a hacerte a ti misma. Te obliga a meterte en una espiral en busca del dolor que solo otras personas que han sufrido lo mismo que tú saben infringir.

No hay droga más dura que el desprecio de otros cuando no te quieres. No hay castigo más severo que el que nos convencemos merecer. Es muy difícil desengancharse de la atención intermitente, del amor irregular. A veces estamos tan dolidas y tan rotas que no sabemos cómo pasar el mono y no podemos aceptar el amor limpio porque no nos sacia y nos dan ganas de saltar por la ventana y correr hasta desaparecer o encontrar más de eso que nos hace sentir mierda, pero tan vivas a la vez. El autosabotaje es mi pastor, nada me falta. Por eso nos quedamos con lo que duele. Por eso y porque creemos estar viendo en la otra persona a esa misma muñequita pequeña de la matrioska que también cayó en las garras de los mismos engendros que nosotras, y que tiene tantas heridas que tú le puedes ayudar a curar. Aunque no sepas cómo curarte las tuyas propias. Es mejor pensar solo en las suyas. Que solo importen esas. Así lo mismo las tuyas desaparecen. Ah, no.

Ya sé qué me pasa.

Y sé que nunca me sacudiré del todo la sensación de que no merezco que me pasen cosas buenas. Que no merezco que me quieran, que me cuiden o que me consientan una pataleta. Que siempre voy a estar alerta por si en realidad todo es mentira, por si toco la pared y resulta ser atrezo, por si en realidad sigo sola y pequeña y enferma y triste y sigo atrapada dentro de la matrioska y me he querido creer que no.

También sé que hay una parte de mí que siempre estará desconectada, que no va a volver. Que tengo un abismo dentro donde se supone que tendría que haber un montón de cosas que preferí no memorizar, de las que elegí no ser consciente. Que ha sido más fácil no estar en muchos lugares donde mi cuerpo sí estaba y que he vivido dentro de ese abismo donde nada ni nadie importan y nada existe más allá de mi dolor y mis heridas. Donde solo hay tinieblas.

Pero ahora ya sé qué me pasa. Ya sé elegir. Ya sé que no tengo que pedir «perdón por intentar ser feliz en un mundo lleno de violencia».

Y cada vez que escucho eso de *«ojalá me gustasen las chicas porque seguro que es genial y súper fácil»*... pienso en todo esto.

9
Señor, perdónalos, porque no saben lo que hacen

> *These crosses all over my body*
> *Remind me of who I used to be*
> *And Christ forgive these bones I'm hiding*
> *From no one successfully.*
>
> ETHEL CAIN, *Family Tree*

Siempre he tratado de perdonar a quienes jamás me han pedido perdón. Los he perdonado, aunque me lo hayan negado todo mirándome a los ojos. Los he perdonado, aunque me hayan hecho creer que todo lo que he vivido, todo lo que me han dicho, todo lo que me han hecho, han sido imaginaciones mías. Los he perdonado mientras yo misma me postraba de rodillas pidiéndoles el mismo perdón, porque un día asumí que todo lo que ocurre es por mi culpa.

Por mi culpa, por mi culpa, por mi gran culpa.
Mea culpa, mea culpa, mea máxima culpa.

Y con cada acusación, un golpe en el pecho. Con cada golpe, una piedra más en la garganta. Y con cada piedra, más pesa la culpa. Por no ser normal, por no ser un orgullo para nadie, por hacerles pasar vergüenza. Porque fracasé. Porque no he sido capaz nunca de fingir que no soy lesbiana. Es mi culpa, porque lo hago mal. Porque no me esfuerzo lo suficiente. Porque elegí ser como soy. Es mi culpa, porque no agacho la cabeza. Es mi culpa, porque soy débil. Es mi culpa, porque huyo. Porque no me adapto. Porque me callo. Porque no quiero sufrir. Es mi culpa, porque elegí luchar y quejarme y pedir respeto. Porque intenté poner límites y no dejar que me hicieran daño. Y por eso no soy buena, ni obediente, por eso soy *agresiva*, tengo *mal carácter*, estoy *loca* y soy *una niña muy difícil* que acabó convirtiéndose en *una persona complicada*.

Rebelde. Insumisa. Bocazas. Me convencieron de que mis reacciones eran, en realidad, mi forma de comportarme. Que mi personalidad era todo aquello que me provocaban hacer. Antes de entender lo que es la *violencia reactiva*, yo me lo creí. Me creí que tenía ataques de ira, que no había más que furia dentro de mí, odio reprimido. Que *necesitaba un saco de boxeo*, un psicólogo, *pastillas para tranquilizarme*, un par de hostias bien dadas y normas estrictas. Normalicé tanto esos «consejos» y «diagnósticos» que se los permití a mis parejas también. Me han hecho dudar de lo que veían mis propios ojos, de mis propias palabras, de mi cabeza y mis cabales porque «es que no estás bien». Tienes asperger, TDAH, paranoias.

**No estás bien.
No estás bien.
No estás bien.**

Me ha costado entender quién soy sin esos diagnósticos. Que no era hiperactividad, sino hipervigilancia. Que no tengo TDAH, sino que tiendo a la disociación. No tengo asperger, es despersonalización. He estado convencida de que padecía muchas enfermedades que tenía por ser lesbiana, por ser distinta, por no ser **Normal**™. Mientras todo eso me lo hacían los demás.

Cuando no sabes qué es real y qué no, tampoco sabes en qué ni en quién confiar. Así que dejas de fiarte de ti misma, de tu intuición, de tu percepción de la realidad. Te fías de lo que te dicen porque es más sencillo desconfiar de una misma que de la mayor parte de personas que tienes alrededor. Da igual lo que esas personas hagan, porque aprendes a no creerte lo que ves, sino lo que te dicen. Si me pega y me dice que es mi culpa, es que es mi culpa. Si me abandona y me dice que quiere estar conmigo, es porque quiere estar conmigo. Si me grita, me insulta y se ríe de mí, pero me dice que no la trato bien... será que nunca hago lo suficiente. Que me merezco estar ahí. Si jura que yo he dicho algo, aunque sepa que no lo he dicho, será que no me acuerdo. Si me dice que soy mala, que estoy loca, que tengo mal carácter y siempre estoy de mala humor, será porque soy así.

He aprendido a estar siempre en alerta, no duermo profundo, nunca he dejado la mente en blanco. En mi cabeza hay una televisión con todos los canales encendidos a la vez. Me autoanalizo a mí misma minuto a minuto, me cuestiono, me acuso, me castigo. Pero nunca me perdono.

Sé que hay una niña muy pequeña escondida debajo de la mesa de mi habitación, de mi armario, en la última capa de la matrioska. Pero no me atrevo a mirarla. No sé cuidarla todavía. Me da pánico. Pero ya no me dan miedo los demás. Ya no temo contar una y otra vez lo que le ha pasado a esa niña y liberarme así del silencio que aprendí a guardar. «*Abre el grifo*». Después de años de terapia aprendiendo todo lo que acabo de contar, Josué, mi psicólogo, me lo dijo así. ABRE EL GRIFO. Siempre has estado callada, nunca has contado nada, no te expresas, no pides, no hablas. Cuéntalo, abre el grifo. *Quizá no sepas regularlo, saldrá toda el agua a chorro y arrasará con todo, pero aprenderás.* Abre el grifo.

Cuando me lo dijo yo estaba cansada. Estaba triste. Estaba sola. No me quedaban fuerzas, no podía más. Me había rendido. Pasaba semanas enteras sin ver a nadie, sin recibir ni una llamada, ni un mensaje, aislada, apenas quedaba con un vecino para que me vendiese hierba y pasaba el día fumando, arrancándome el pelo y jugando a la videoconsola para no pensar. No quería estar viva, pero tampoco me atrevía a dejar de estarlo. Todo me daba igual. Había dejado de mirarme al espejo, apenas comía, solo me quitaba el pijama para ponerme un chándal y ya está. Una persona me dejó así, pero yo ya sabía que había muchas otras cosas que me habían empujado hasta ahí. Así que decidí abrir el grifo. No tenía nada que perder. Nada más. Solo me quedaban la tristeza y la rabia. Y así es como empezó **Maldito Bollodrama**. Y todo lo que vino después.

10

La única lesbiana de Ávila

Nunca he encontrado palabras adecuadas para describir mi propia vida, y ahora que ya he entrado en mi historia es cuando más las necesito. Ya no me puedo quedar sentado a ver lo que pasa. A partir de ahora, todo lo que cuente estará teñido de la experiencia subjetiva de formar parte de los acontecimientos. Aquí es donde mi historia se divide, se escinde, sufre una meiosis. Noto más el peso del mundo, ahora que formo parte de él.

JEFFREY EUGENIDES, *Middlesex*

Después de abrir el grifo, vino todo lo demás. Y vinieron centenares de personas que me demostraron que yo no era la única lesbiana de Ávila y aún menos la del mundo. Que hay cientos de niñas que se sienten como yo y miles que ya han crecido y lucen ahora mis mismas cicatrices que yo tengo. Que el desarraigo es parte también de su historia, que se sienten solas, raras, distintas, que les han hecho dudar de la realidad y de sí mismas, que no saben qué es verdad. Que están igual de tristes y de confundidas, que no abren el grifo.

Hay quienes siguen afirmando que las personas LGTBIQA+ estamos enfermas, que nos llaman invertidas. Dicen que tendemos a la autodestrucción, a autolesionarnos, que transmitimos infecciones, que corrompemos a las infancias. Que tendemos al consumo de drogas, que hay una grave propensión al alcoholismo y estamos condenadas a una corta vida de infelicidad y muerte temprana y trágica.

La tasa de suicidio en nuestro colectivo es escandalosa. Sobre todo en las más jóvenes, pero también en las que consiguen llegar a ancianas. Para muchas de nosotras, la juventud ha supuesto desear cada día no ser *mariquita*, tener otro cuerpo, que nos llamen por un nombre que no nos provoque vértigo. Que no nos peguen, que no nos insulten, que no nos acosen, poder huir. Muchas somos homosexuales, trans o bi, pero no nos han permitido serlo de verdad hasta pasados los veinte. Algunas lo son, pero no han podido vivirlo jamás.

Yo tengo la suerte de haber podido escapar. La rabia me ha movido hasta tomar los espacios donde siempre me dijeron que no podía estar. Siento orgullo y sé que no le debo a nadie nada. Que no soy lesbiana por ideología, ni por enfermedad, ni por contagio, ni por política, ni por moda. Que no soy una anomalía. Que nadie tiene que aceptar *mi estilo de vida*, porque no es tal cosa, y que tengo el derecho a no querer aceptar lo que sí lo es, como la fe cristiana. Estoy orgullosa de haber sobrevivido y de intentar ser feliz sin pedir perdón. Sin pedir permiso. Estoy orgullosa de haber escuchado a las que me quisieron enseñar, de haber conseguido no apartarme de quienes han venido a sanarme. Ya no consumo. Ya no me hago daño. Casi nunca. Estoy orgullosa de seguir superando mis propios prejuicios, de aprender que, incluso después de todo lo que he pasado, tengo privilegios. Ahora tengo voz. No tengo que fingir, ni mentir, ni ocultar, ni engañarme a mí misma ni a nadie. No tengo miedo. Ni siquiera a que el diablo me posea. Tampoco a estar sola. No me quedo donde no quiero estar. Me aparto de aquellas que sonríen y se hacen grandes y luminosas a costa de mis ganas de vivir. No me siento a la mesa navideña de quienes no se preocupan el resto del año por si respiro. No sigo en los lugares donde soy invisible, donde se me niega, donde no se me nombra. Donde nadie se atreve a decir la palabra LESBIANA.

No llevo ni la mitad de mi vida fuera del armario, pero sé que lo que me queda lo voy a pasar luchando por ser quien soy. Gritando que existo y que existís las demás.

Porque que no.

No soy la única lesbiana de Ávila.

Este libro
se terminó de imprimir
en el mes
de septiembre de 2024